ARABIC
VOCABULARY

FOR ENGLISH SPEAKERS

ENGLISH-ARABIC

The most useful words
To expand your lexicon and sharpen
your language skills

5000 words

Arabic vocabulary for English speakers - 5000 words
By Andrey Taranov

T&P Books vocabularies are intended for helping you learn, memorize and review foreign words. The dictionary is divided into themes, covering all major spheres of everyday activities, business, science, culture, etc.

The process of learning words using T&P Books' theme-based dictionaries gives you the following advantages:

- Correctly grouped source information predetermines success at subsequent stages of word memorization
- Availability of words derived from the same root allowing memorization of word units (rather than separate words)
- Small units of words facilitate the process of establishing associative links needed for consolidation of vocabulary
- Level of language knowledge can be estimated by the number of learned words

Copyright © 2017 T&P Books Publishing

All rights reserved. No part of this book may be reproduced or utilized in any form or by any means, electronic or mechanical, including photocopying, recording or by information storage and retrieval system, without permission in writing from the publishers.

T&P Books Publishing
www.tpbooks.com

ISBN: 978-1-78716-704-9

This book is also available in E-book formats.
Please visit www.tpbooks.com or the major online bookstores.

ARABIC VOCABULARY
for English speakers

T&P Books vocabularies are intended to help you learn, memorize, and review foreign words. The vocabulary contains over 5000 commonly used words arranged thematically.

- Vocabulary contains the most commonly used words
- Recommended as an addition to any language course
- Meets the needs of beginners and advanced learners of foreign languages
- Convenient for daily use, revision sessions, and self-testing activities
- Allows you to assess your vocabulary

Special features of the vocabulary

- Words are organized according to their meaning, not alphabetically
- Words are presented in three columns to facilitate the reviewing and self-testing processes
- Words in groups are divided into small blocks to facilitate the learning process
- The vocabulary offers a convenient and simple transcription of each foreign word

The vocabulary has 155 topics including:

Basic Concepts, Numbers, Colors, Months, Seasons, Units of Measurement, Clothing & Accessories, Food & Nutrition, Restaurant, Family Members, Relatives, Character, Feelings, Emotions, Diseases, City, Town, Sightseeing, Shopping, Money, House, Home, Office, Working in the Office, Import & Export, Marketing, Job Search, Sports, Education, Computer, Internet, Tools, Nature, Countries, Nationalities and more ...

T&P BOOKS' THEME-BASED DICTIONARIES

The Correct System for Memorizing Foreign Words

Acquiring vocabulary is one of the most important elements of learning a foreign language, because words allow us to express our thoughts, ask questions, and provide answers. An inadequate vocabulary can impede communication with a foreigner and make it difficult to understand a book or movie well.

The pace of activity in all spheres of modern life, including the learning of modern languages, has increased. Today, we need to memorize large amounts of information (grammar rules, foreign words, etc.) within a short period. However, this does not need to be difficult. All you need to do is to choose the right training materials, learn a few special techniques, and develop your individual training system.

Having a system is critical to the process of language learning. Many people fail to succeed in this regard; they cannot master a foreign language because they fail to follow a system comprised of selecting materials, organizing lessons, arranging new words to be learned, and so on. The lack of a system causes confusion and eventually, lowers self-confidence.

T&P Books' theme-based dictionaries can be included in the list of elements needed for creating an effective system for learning foreign words. These dictionaries were specially developed for learning purposes and are meant to help students effectively memorize words and expand their vocabulary.

Generally speaking, the process of learning words consists of three main elements:

- Reception (creation or acquisition) of a training material, such as a word list
- Work aimed at memorizing new words
- Work aimed at reviewing the learned words, such as self-testing

All three elements are equally important since they determine the quality of work and the final result. All three processes require certain skills and a well-thought-out approach.

New words are often encountered quite randomly when learning a foreign language and it may be difficult to include them all in a unified list. As a result, these words remain written on scraps of paper, in book margins, textbooks, and so on. In order to systematize such words, we have to create and continually update a "book of new words." A paper notebook, a netbook, or a tablet PC can be used for these purposes.

This "book of new words" will be your personal, unique list of words. However, it will only contain the words that you came across during the learning process. For example, you might have written down the words "Sunday," "Tuesday," and "Friday." However, there are additional words for days of the week, for example, "Saturday," that are missing, and your list of words would be incomplete. Using a theme dictionary, in addition to the "book of new words," is a reasonable solution to this problem.

The theme-based dictionary may serve as the basis for expanding your vocabulary.

It will be your big "book of new words" containing the most frequently used words of a foreign language already included. There are quite a few theme-based dictionaries available, and you should ensure that you make the right choice in order to get the maximum benefit from your purchase.

Therefore, we suggest using theme-based dictionaries from T&P Books Publishing as an aid to learning foreign words. Our books are specially developed for effective use in the sphere of vocabulary systematization, expansion and review.

Theme-based dictionaries are not a magical solution to learning new words. However, they can serve as your main database to aid foreign-language acquisition. Apart from theme dictionaries, you can have copybooks for writing down new words, flash cards, glossaries for various texts, as well as other resources; however, a good theme dictionary will always remain your primary collection of words.

T&P Books' theme-based dictionaries are specialty books that contain the most frequently used words in a language.

The main characteristic of such dictionaries is the division of words into themes. For example, the *City* theme contains the words "street," "crossroads," "square," "fountain," and so on. The *Talking* theme might contain words like "to talk," "to ask," "question," and "answer".

All the words in a theme are divided into smaller units, each comprising 3–5 words. Such an arrangement improves the perception of words and makes the learning process less tiresome. Each unit contains a selection of words with similar meanings or identical roots. This allows you to learn words in small groups and establish other associative links that have a positive effect on memorization.

The words on each page are placed in three columns: a word in your native language, its translation, and its transcription. Such positioning allows for the use of techniques for effective memorization. After closing the translation column, you can flip through and review foreign words, and vice versa. "This is an easy and convenient method of review – one that we recommend you do often."

Our theme-based dictionaries contain transcriptions for all the foreign words. Unfortunately, none of the existing transcriptions are able to convey the exact nuances of foreign pronunciation. That is why we recommend using the transcriptions only as a supplementary learning aid. Correct pronunciation can only be acquired with the help of sound. Therefore our collection includes audio theme-based dictionaries.

The process of learning words using T&P Books' theme-based dictionaries gives you the following advantages:

- You have correctly grouped source information, which predetermines your success at subsequent stages of word memorization
- Availability of words derived from the same root (lazy, lazily, lazybones), allowing you to memorize word units instead of separate words
- Small units of words facilitate the process of establishing associative links needed for consolidation of vocabulary
- You can estimate the number of learned words and hence your level of language knowledge
- The dictionary allows for the creation of an effective and high-quality revision process
- You can revise certain themes several times, modifying the revision methods and techniques
- Audio versions of the dictionaries help you to work out the pronunciation of words and develop your skills of auditory word perception

The T&P Books' theme-based dictionaries are offered in several variants differing in the number of words: 1.500, 3.000, 5.000, 7.000, and 9.000 words. There are also dictionaries containing 15,000 words for some language combinations. Your choice of dictionary will depend on your knowledge level and goals.

We sincerely believe that our dictionaries will become your trusty assistant in learning foreign languages and will allow you to easily acquire the necessary vocabulary.

TABLE OF CONTENTS

T&P Books' Theme-Based Dictionaries	4
Pronunciation guide	13
Abbreviations	15
BASIC CONCEPTS	16
Basic concepts. Part 1	16
1. Pronouns	16
2. Greetings. Salutations. Farewells	16
3. How to address	17
4. Cardinal numbers. Part 1	17
5. Cardinal numbers. Part 2	18
6. Ordinal numbers	19
7. Numbers. Fractions	19
8. Numbers. Basic operations	19
9. Numbers. Miscellaneous	20
10. The most important verbs. Part 1	20
11. The most important verbs. Part 2	21
12. The most important verbs. Part 3	22
13. The most important verbs. Part 4	23
14. Colors	24
15. Questions	25
16. Prepositions	25
17. Function words. Adverbs. Part 1	26
18. Function words. Adverbs. Part 2	28
Basic concepts. Part 2	30
19. Weekdays	30
20. Hours. Day and night	30
21. Months. Seasons	31
22. Units of measurement	33
23. Containers	34
HUMAN BEING	36
Human being. The body	36
24. Head	36
25. Human body	37

Clothing & Accessories 39

26. Outerwear. Coats 39
27. Men's & women's clothing 39
28. Clothing. Underwear 40
29. Headwear 40
30. Footwear 40
31. Personal accessories 41
32. Clothing. Miscellaneous 42
33. Personal care. Cosmetics 42
34. Watches. Clocks 43

Food. Nutricion 45

35. Food 45
36. Drinks 47
37. Vegetables 48
38. Fruits. Nuts 48
39. Bread. Candy 49
40. Cooked dishes 50
41. Spices 51
42. Meals 51
43. Table setting 52
44. Restaurant 52

Family, relatives and friends 54

45. Personal information. Forms 54
46. Family members. Relatives 54

Medicine 56

47. Diseases 56
48. Symptoms. Treatments. Part 1 57
49. Symptoms. Treatments. Part 2 58
50. Symptoms. Treatments. Part 3 59
51. Doctors 60
52. Medicine. Drugs. Accessories 60

HUMAN HABITAT 62
City 62

53. City. Life in the city 62
54. Urban institutions 63
55. Signs 65
56. Urban transportation 66

57.	Sightseeing	67
58.	Shopping	67
59.	Money	68
60.	Post. Postal service	69

Dwelling. House. Home 71

61.	House. Electricity	71
62.	Villa. Mansion	71
63.	Apartment	72
64.	Furniture. Interior	72
65.	Bedding	73
66.	Kitchen	73
67.	Bathroom	74
68.	Household appliances	75

HUMAN ACTIVITIES 77
Job. Business. Part 1 77

69.	Office. Working in the office	77
70.	Business processes. Part 1	78
71.	Business processes. Part 2	79
72.	Production. Works	80
73.	Contract. Agreement	82
74.	Import & Export	82
75.	Finances	83
76.	Marketing	84
77.	Advertising	84
78.	Banking	85
79.	Telephone. Phone conversation	86
80.	Cell phone	86
81.	Stationery	87
82.	Kinds of business	87

Job. Business. Part 2 90

83.	Show. Exhibition	90
84.	Science. Research. Scientists	91

Professions and occupations 93

85.	Job search. Dismissal	93
86.	Business people	93
87.	Service professions	95
88.	Military professions and ranks	95
89.	Officials. Priests	96

90.	Agricultural professions	97
91.	Art professions	97
92.	Various professions	98
93.	Occupations. Social status	99

Education 101

94.	School	101
95.	College. University	102
96.	Sciences. Disciplines	103
97.	Writing system. Orthography	103
98.	Foreign languages	105

Rest. Entertainment. Travel 107

99.	Trip. Travel	107
100.	Hotel	108

TECHNICAL EQUIPMENT. TRANSPORTATION 109
Technical equipment 109

101.	Computer	109
102.	Internet. E-mail	110
103.	Electricity	111
104.	Tools	112

Transportation 115

105.	Airplane	115
106.	Train	116
107.	Ship	117
108.	Airport	119

Life events 120

109.	Holidays. Event	120
110.	Funerals. Burial	121
111.	War. Soldiers	122
112.	War. Military actions. Part 1	123
113.	War. Military actions. Part 2	124
114.	Weapons	126
115.	Ancient people	127
116.	Middle Ages	128
117.	Leader. Chief. Authorities	130
118.	Breaking the law. Criminals. Part 1	130
119.	Breaking the law. Criminals. Part 2	132

120. Police. Law. Part 1 133
121. Police. Law. Part 2 134

NATURE 136
The Earth. Part 1 136

122. Outer space 136
123. The Earth 137
124. Cardinal directions 138
125. Sea. Ocean 138
126. Seas' and Oceans' names 139
127. Mountains 140
128. Mountains names 141
129. Rivers 142
130. Rivers' names 142
131. Forest 143
132. Natural resources 144

The Earth. Part 2 146

133. Weather 146
134. Severe weather. Natural disasters 147

Fauna 148

135. Mammals. Predators 148
136. Wild animals 148
137. Domestic animals 150
138. Birds 151
139. Fish. Marine animals 152
140. Amphibians. Reptiles 153
141. Insects 153

Flora 155

142. Trees 155
143. Shrubs 156
144. Fruits. Berries 156
145. Flowers. Plants 157
146. Cereals, grains 158

COUNTRIES. NATIONALITIES 159

147. Western Europe 159
148. Central and Eastern Europe 159
149. Former USSR countries 160

150.	Asia	160
151.	North America	161
152.	Central and South America	161
153.	Africa	162
154.	Australia. Oceania	162
155.	Cities	162

PRONUNCIATION GUIDE

T&P phonetic alphabet	Arabic example	English example
[a]	[taffa] طفّى	shorter than in ask
[ā]	[ixtār] إختار	calf, palm
[e]	[hamburger] هامبورجر	elm, medal
[i]	[zifāf] زفاف	shorter than in feet
[ī]	[abrīl] أبريل	feet, meter
[u]	[kalkutta] كلكتا	book
[ū]	[ʒāmūs] جاموس	fuel, tuna
[b]	[bidāya] بداية	baby, book
[d]	[saʿāda] سعادة	day, doctor
[ḍ]	[waḍ'] وضع	[d] pharyngeal
[ʒ]	[arʒantīn] الأرجنتين	forge, pleasure
[ð]	[tiðkār] تذكار	pharyngealized th
[ẓ]	[ẓahar] ظهر	[z] pharyngeal
[f]	[xafīf] خفيف	face, food
[g]	[gūlf] جولف	game, gold
[h]	[ittiʒāh] إتّجاه	home, have
[ḥ]	[aḥabb] أحبّ	[h] pharyngeal
[y]	[ðahabiy] ذهبيّ	yes, New York
[k]	[kursiy] كرسيّ	clock, kiss
[l]	[lamaḥ] لمح	lace, people
[m]	[marṣad] مرصد	magic, milk
[n]	[ʒanūb] جنوب	sang, thing
[p]	[kaputʃinu] كابتشينو	pencil, private
[q]	[waθiq] وثق	king, club
[r]	[rūḥ] روح	rice, radio
[s]	[suxriyya] سخريّة	city, boss
[ṣ]	[miʿṣam] معصم	[s] pharyngeal
[ʃ]	[ʿaʃā'] عشاء	machine, shark
[t]	[tannūb] تنّوب	tourist, trip
[ṭ]	[xarīṭa] خريطة	[t] pharyngeal
[θ]	[mamūθ] ماموث	month, tooth
[v]	[vitnām] فيتنام	very, river
[w]	[waddaʿ] ودّع	vase, winter
[x]	[baxīl] بخيل	as in Scots 'loch'
[ɣ]	[taɣadda] تغدّى	between [g] and [h]
[z]	[māʿiz] ماعز	zebra, please

T&P phonetic alphabet	Arabic example	English example
[ʻ] (ayn)	سبعة [sabʻa]	voiced pharyngeal fricative
[ʾ] (hamza)	سأل [saʾal]	glottal stop

ABBREVIATIONS
used in the vocabulary

Arabic abbreviations

du	-	plural noun (double)
f	-	feminine noun
m	-	masculine noun
pl	-	plural

English abbreviations

ab.	-	about
adj	-	adjective
adv	-	adverb
anim.	-	animate
as adj	-	attributive noun used as adjective
e.g.	-	for example
etc.	-	et cetera
fam.	-	familiar
fem.	-	feminine
form.	-	formal
inanim.	-	inanimate
masc.	-	masculine
math	-	mathematics
mil.	-	military
n	-	noun
pl	-	plural
pron.	-	pronoun
sb	-	somebody
sing.	-	singular
sth	-	something
v aux	-	auxiliary verb
vi	-	intransitive verb
vi, vt	-	intransitive, transitive verb
vt	-	transitive verb

BASIC CONCEPTS

Basic concepts. Part 1

1. Pronouns

I, me	ana	أنا
you (masc.)	anta	أنتَ
you (fem.)	anti	أنتِ
he	huwa	هو
she	hiya	هي
we	naḥnu	نحن
you (to a group)	antum	أنتم
they	hum	هم

2. Greetings. Salutations. Farewells

Hello! (form.)	as salāmu 'alaykum!	السلام عليكم!
Good morning!	ṣabāḥ al χayr!	صباح الخير!
Good afternoon!	nahārak sa'īd!	نهارك سعيد!
Good evening!	masā' al χayr!	مساء الخير!
to say hello	sallam	سلّم
Hi! (hello)	salām!	سلام!
greeting (n)	salām (m)	سلام
to greet (vt)	sallam 'ala	سلّم على
How are you?	kayfa ḥāluka?	كيف حالك؟
What's new?	ma aχbārak?	ما أخبارك؟
Bye-Bye! Goodbye!	ma' as salāma!	مع السلامة!
See you soon!	ilal liqā'!	إلى اللقاء!
Farewell!	ma' as salāma!	مع السلامة!
to say goodbye	wadda'	ودّع
So long!	bay bay!	باي باي!
Thank you!	ʃukran!	شكرًا!
Thank you very much!	ʃukran ʒazīlan!	شكرًا جزيلًا!
You're welcome	'afwan	عفوا
Don't mention it!	la ʃukr 'ala wāʒib	لا شكر على واجب
It was nothing	al 'afw	العفو
Excuse me! (fam.)	'an iðnak!	عن أذنك!
Excuse me! (form.)	'afwan!	عفوًا!!

to excuse (forgive)	'aðar	عذر
to apologize (vi)	i'taðar	إعتذر
My apologies	ana 'āsif	أنا آسف
I'm sorry!	la tu'āχiðoni!	لا تؤاخذني!
to forgive (vt)	'afa	عفا
please (adv)	min faḍlak	من فضلك
Don't forget!	la tansa!	لا تنس!
Certainly!	ṭab'an!	طبعًا!
Of course not!	abadan!	أبدًا!
Okay! (I agree)	ittafaqna!	إتفقنا!
That's enough!	kifāya!	كفاية!

3. How to address

mister, sir	ya sayyid	يا سيّد
ma'am	ya sayyida	يا سيدة
miss	ya 'ānisa	يا آنسة
young man	ya ustāð	يا أستاذ
young man (little boy, kid)	ya bni	يا بني
miss (little girl)	ya binti	يا بنتي

4. Cardinal numbers. Part 1

0 zero	ṣifr	صفر
1 one	wāḥid	واحد
1 one (fem.)	wāḥida	واحدة
2 two	iθnān	إثنان
3 three	θalāθa	ثلاثة
4 four	arba'a	أربعة
5 five	χamsa	خمسة
6 six	sitta	ستّة
7 seven	sab'a	سبعة
8 eight	θamāniya	ثمانية
9 nine	tis'a	تسعة
10 ten	'aʃara	عشرة
11 eleven	aḥad 'aʃar	أحد عشر
12 twelve	iθnā 'aʃar	إثنا عشر
13 thirteen	θalāθat 'aʃar	ثلاثة عشر
14 fourteen	arba'at 'aʃar	أربعة عشر
15 fifteen	χamsat 'aʃar	خمسة عشر
16 sixteen	sittat 'aʃar	ستّة عشر
17 seventeen	sab'at 'aʃar	سبعة عشر
18 eighteen	θamāniyat 'aʃar	ثمانية عشر
19 nineteen	tis'at 'aʃar	تسعة عشر

20 twenty	'iʃrūn	عشرون
21 twenty-one	wāḥid wa 'iʃrūn	واحد وعشرون
22 twenty-two	iθnān wa 'iʃrūn	إثنان وعشرون
23 twenty-three	θalāθa wa 'iʃrūn	ثلاثة وعشرون
30 thirty	θalāθīn	ثلاثون
31 thirty-one	wāḥid wa θalāθūn	واحد وثلاثون
32 thirty-two	iθnān wa θalāθūn	إثنان وثلاثون
33 thirty-three	θalāθa wa θalāθūn	ثلاثة وثلاثون
40 forty	arba'ūn	أربعون
41 forty-one	wāḥid wa arba'ūn	واحد وأربعون
42 forty-two	iθnān wa arba'ūn	إثنان وأربعون
43 forty-three	θalāθa wa arba'ūn	ثلاثة وأربعون
50 fifty	xamsūn	خمسون
51 fifty-one	wāḥid wa xamsūn	واحد وخمسون
52 fifty-two	iθnān wa xamsūn	إثنان وخمسون
53 fifty-three	θalāθa wa xamsūn	ثلاثة وخمسون
60 sixty	sittūn	ستّون
61 sixty-one	wāḥid wa sittūn	واحد وستّون
62 sixty-two	iθnān wa sittūn	إثنان وستّون
63 sixty-three	θalāθa wa sittūn	ثلاثة وستّون
70 seventy	sab'ūn	سبعون
71 seventy-one	wāḥid wa sab'ūn	واحد وسبعون
72 seventy-two	iθnān wa sab'ūn	إثنان وسبعون
73 seventy-three	θalāθa wa sab'ūn	ثلاثة وسبعون
80 eighty	θamānūn	ثمانون
81 eighty-one	wāḥid wa θamānūn	واحد وثمانون
82 eighty-two	iθnān wa θamānūn	إثنان وثمانون
83 eighty-three	θalāθa wa θamānūn	ثلاثة وثمانون
90 ninety	tis'ūn	تسعون
91 ninety-one	wāḥid wa tis'ūn	واحد وتسعون
92 ninety-two	iθnān wa tis'ūn	إثنان وتسعون
93 ninety-three	θalāθa wa tis'ūn	ثلاثة وتسعون

5. Cardinal numbers. Part 2

100 one hundred	mi'a	مائة
200 two hundred	mi'atān	مائتان
300 three hundred	θalāθumi'a	ثلاثمائة
400 four hundred	rub'umi'a	أربعمائة
500 five hundred	xamsumi'a	خمسمائة
600 six hundred	sittumi'a	ستّمائة
700 seven hundred	sab'umi'a	سبعمائة

800 eight hundred	θamānimi'a	ثمانمائة
900 nine hundred	tis'umi'a	تسعمائة
1000 one thousand	alf	ألف
2000 two thousand	alfān	ألفان
3000 three thousand	θalāθat 'ālāf	ثلاثة آلاف
10000 ten thousand	'aʃarat 'ālāf	عشرة آلاف
one hundred thousand	mi'at alf	مائة ألف
million	milyūn (m)	مليون
billion	milyār (m)	مليار

6. Ordinal numbers

first (adj)	awwal	أوّل
second (adj)	θāni	ثان
third (adj)	θāliθ	ثالث
fourth (adj)	rābi'	رابع
fifth (adj)	χāmis	خامس
sixth (adj)	sādis	سادس
seventh (adj)	sābi'	سابع
eighth (adj)	θāmin	ثامن
ninth (adj)	tāsi'	تاسع
tenth (adj)	'āʃir	عاشر

7. Numbers. Fractions

fraction	kasr (m)	كسر
one half	niṣf	نصف
one third	θulθ	ثلث
one quarter	rub'	ربع
one eighth	θumn	ثمن
one tenth	'uʃr	عشر
two thirds	θulθān	ثلثان
three quarters	talātit arbā'	ثلاثة أرباع

8. Numbers. Basic operations

subtraction	ṭarḥ (m)	طرح
to subtract (vi, vt)	ṭaraḥ	طرح
division	qisma (f)	قسمة
to divide (vt)	qasam	قسم
addition	ʒam' (m)	جمع
to add up (vt)	ʒama'	جمع

to add (vi, vt)	ʒamaʻ	جمع
multiplication	ḍarb (m)	ضرب
to multiply (vt)	ḍarab	ضرب

9. Numbers. Miscellaneous

digit, figure	raqm (m)	رقم
number	ʻadad (m)	عدد
numeral	ism al ʻadad (m)	إسم العدد
minus sign	nāqiṣ (m)	ناقص
plus sign	zāʼid (m)	زائد
formula	ṣīγa (f)	صيغة

calculation	ḥisāb (m)	حساب
to count (vi, vt)	ʻadd	عدّ
to count up	ḥasab	حسب
to compare (vt)	qāran	قارن

How much?	kam?	كم؟
sum, total	maʒmūʻ (m)	مجموع
result	natīʒa (f)	نتيجة
remainder	al bāqi (m)	الباقي

a few (e.g., ~ years ago)	ʻiddat	عدّة
little (I had ~ time)	qalīl	قليل
the rest	al bāqi (m)	الباقي
one and a half	wāḥid wa niṣf (m)	واحد ونصف
dozen	iθnā ʻaʃar (f)	إثنا عشر

in half (adv)	ila ʃaṭrayn	إلى شطرين
equally (evenly)	bit tasāwi	بالتساوى
half	niṣf (m)	نصف
time (three ~s)	marra (f)	مرّة

10. The most important verbs. Part 1

to advise (vt)	naṣaḥ	نصح
to agree (say yes)	ittafaq	إتّفق
to answer (vi, vt)	aʒāb	أجاب
to apologize (vi)	iʻtaðar	إعتذر
to arrive (vi)	waṣal	وصل

to ask (~ oneself)	saʼal	سأل
to ask (~ sb to do sth)	ṭalab	طلب
to be (vi)	kān	كان

| to be afraid | χāf | خاف |
| to be hungry | arād an yaʼkul | أراد أن يأكل |

to be interested in ...	ihtamm	إهتمّ
to be needed	kān maṭlūb	كان مطلوبا
to be surprised	indahaʃ	إندهش
to be thirsty	arād an yaʃrab	أراد أن يشرب
to begin (vt)	bada'	بدأ
to belong to ...	χaṣṣ	خصّ
to boast (vi)	tabāha	تباهى
to break (split into pieces)	kasar	كسر
to call (~ for help)	istaɣāθ	إستغاث
can (v aux)	istaṭā'	إستطاع
to catch (vt)	amsak	أمسك
to change (vt)	ɣayyar	غيّر
to choose (select)	iχtār	إختار
to come down (the stairs)	nazil	نزل
to compare (vt)	qāran	قارن
to complain (vi, vt)	ʃaka	شكا
to confuse (mix up)	iχtalaṭ	إختلط
to continue (vt)	istamarr	إستمرّ
to control (vt)	taḥakkam	تحكّم
to cook (dinner)	ḥaḍḍar	حضّر
to cost (vt)	kallaf	كلّف
to count (add up)	'add	عدّ
to count on ...	i'tamad 'ala ...	إعتمد على...
to create (vt)	χalaq	خلق
to cry (weep)	baka	بكى

11. The most important verbs. Part 2

to deceive (vi, vt)	χada'	خدع
to decorate (tree, street)	zayyan	زيّن
to defend (a country, etc.)	dāfa'	دافع
to demand (request firmly)	ṭālib	طالب
to dig (vt)	ḥafar	حفر
to discuss (vt)	nāqaʃ	ناقش
to do (vt)	'amal	عمل
to doubt (have doubts)	ʃakk fi	شكّ في
to drop (let fall)	awqa'	أوقع
to enter (room, house, etc.)	daχal	دخل
to exist (vi)	kān mawʒūd	كان موجودًا
to expect (foresee)	tanabba'	تنبّأ
to explain (vt)	ʃaraḥ	شرح
to fall (vi)	saqaṭ	سقط
to find (vt)	waʒad	وجد

to finish (vt)	atamm	أتمّ
to fly (vi)	ṭār	طار
to follow ... (come after)	tabaʻ	تبع
to forget (vi, vt)	nasiy	نسي
to forgive (vt)	ʻafa	عفا
to give (vt)	aʻṭa	أعطى
to give a hint	aʻṭa talmīḥ	أعطى تلميحًا
to go (on foot)	maʃa	مشى
to go for a swim	sabaḥ	سبح
to go out (for dinner, etc.)	xaraʒ	خرج
to guess (the answer)	xamman	خمّن
to have (vt)	malak	ملك
to have breakfast	afṭar	أفطر
to have dinner	taʻaʃʃa	تعشّى
to have lunch	taɣadda	تغدّى
to hear (vt)	samiʻ	سمع
to help (vt)	sāʻad	ساعد
to hide (vt)	xabaʼ	خبأ
to hope (vi, vt)	tamanna	تمنّى
to hunt (vi, vt)	iṣṭād	إصطاد
to hurry (vi)	istaʻʒal	إستعجل

12. The most important verbs. Part 3

to inform (vt)	axbar	أخبر
to insist (vi, vt)	aṣarr	أصرّ
to insult (vt)	ahān	أهان
to invite (vt)	daʻa	دعا
to joke (vi)	mazaḥ	مزح
to keep (vt)	ḥafaẓ	حفظ
to keep silent	sakat	سكت
to kill (vt)	qatal	قتل
to know (sb)	ʻaraf	عرف
to know (sth)	ʻaraf	عرف
to laugh (vi)	ḍaḥik	ضحك
to liberate (city, etc.)	ḥarrar	حرّر
to like (I like ...)	aʻʒab	أعجب
to look for ... (search)	bahaθ	بحث
to love (sb)	aḥabb	أحبّ
to make a mistake	axṭaʼ	أخطأ
to manage, to run	adār	أدار
to mean (signify)	ʻana	عنى
to mention (talk about)	ðakar	ذكر

| to miss (school, etc.) | ɣāb | غاب |
| to notice (see) | lāḥaẓ | لاحظ |

to object (vi, vt)	i'taraḍ	إعترض
to observe (see)	rāqab	راقب
to open (vt)	fataḥ	فتح
to order (meal, etc.)	ṭalab	طلب
to order (mil.)	amar	أمر
to own (possess)	malak	ملك

to participate (vi)	iʃtarak	إشترك
to pay (vi, vt)	dafaʻ	دفع
to permit (vt)	raxxaṣ	رخّص
to plan (vt)	xaṭṭaṭ	خطّط
to play (children)	laʻib	لعب

to pray (vi, vt)	ṣalla	صلّى
to prefer (vt)	faḍḍal	فضّل
to promise (vt)	waʻad	وعد
to pronounce (vt)	naṭaq	نطق
to propose (vt)	iqtaraḥ	إقترح
to punish (vt)	ʻāqab	عاقب

13. The most important verbs. Part 4

to read (vi, vt)	qara'	قرأ
to recommend (vt)	naṣaḥ	نصح
to refuse (vi, vt)	rafaḍ	رفض
to regret (be sorry)	nadim	ندم
to rent (sth from sb)	ista'ʒar	إستأجر

to repeat (say again)	karrar	كرّر
to reserve, to book	ḥaʒaz	حجز
to run (vi)	ʒara	جرى
to save (rescue)	anqað	أنقذ
to say (~ thank you)	qāl	قال

to scold (vt)	wabbax	وبّخ
to see (vt)	ra'a	رأى
to sell (vt)	bāʻ	باع
to send (vt)	arsal	أرسل
to shoot (vi)	aṭlaq an nār	أطلق النار

to shout (vi)	ṣarax	صرخ
to show (vt)	ʻaraḍ	عرض
to sign (document)	waqqaʻ	وقّع
to sit down (vi)	ʒalas	جلس

| to smile (vi) | ibtasam | إبتسم |
| to speak (vi, vt) | takallam | تكلّم |

to steal (money, etc.)	saraq	سرق
to stop (for pause, etc.)	waqaf	وقف
to stop (please ~ calling me)	tawaqqaf	توقّف
to study (vt)	daras	درس
to swim (vi)	sabaḥ	سبح
to take (vt)	axað	أخذ
to think (vi, vt)	ẓann	ظنّ
to threaten (vt)	haddad	هدّد
to touch (with hands)	lamas	لمس
to translate (vt)	tarʒam	ترجم
to trust (vt)	waθiq	وثق
to try (attempt)	ḥāwal	حاول
to turn (e.g., ~ left)	in'aṭaf	إنعطف
to underestimate (vt)	istaxaff	إستخفّ
to understand (vt)	fahim	فهم
to unite (vt)	waḥḥad	وحّد
to wait (vt)	intaẓar	إنتظر
to want (wish, desire)	arād	أراد
to warn (vt)	ḥaððar	حذّر
to work (vi)	'amal	عمل
to write (vt)	katab	كتب
to write down	katab	كتب

14. Colors

color	lawn (m)	لون
shade (tint)	daraʒat al lawn (m)	درجة اللون
hue	ṣabɣit lūn (f)	لون
rainbow	qaws quzaḥ (m)	قوس قزح
white (adj)	abyaḍ	أبيض
black (adj)	aswad	أسود
gray (adj)	ramādiy	رماديّ
green (adj)	axḍar	أخضر
yellow (adj)	aṣfar	أصفر
red (adj)	aḥmar	أحمر
blue (adj)	azraq	أزرق
light blue (adj)	azraq fātiḥ	أزرق فاتح
pink (adj)	wardiy	ورديّ
orange (adj)	burtuqāliy	برتقاليّ
violet (adj)	banafsaʒiy	بنفسجيّ
brown (adj)	bunniy	بنّيّ
golden (adj)	ðahabiy	ذهبيّ

silvery (adj)	fiḍḍiy	فضّي
beige (adj)	bɛːʒ	بيج
cream (adj)	ʻāʒiy	عاجي
turquoise (adj)	fayrūziy	فيروزي
cherry red (adj)	karaziy	كرزي
lilac (adj)	laylakiy	ليلكي
crimson (adj)	qirmiziy	قرمزي
light (adj)	fātiḥ	فاتح
dark (adj)	ɣāmiq	غامق
bright, vivid (adj)	zāhi	زاه
colored (pencils)	mulawwan	ملوّن
color (e.g., ~ film)	mulawwan	ملوّن
black-and-white (adj)	abyaḍ wa aswad	أبيض وأسود
plain (one-colored)	waḥīd al lawn, sāda	وحيد اللون, سادة
multicolored (adj)	muta'addid al alwān	متعدّد الألوان

15. Questions

Who?	man?	من؟
What?	māða?	ماذا؟
Where? (at, in)	ayna?	أين؟
Where (to)?	ila ayna?	إلى أين؟
From where?	min ayna?	من أين؟
When?	mata?	متى؟
Why? (What for?)	li māða?	لماذا؟
Why? (~ are you crying?)	li māða?	لماذا؟
What for?	li māða?	لماذا؟
How? (in what way)	kayfa?	كيف؟
What? (What kind of ... ?)	ay?	أي؟
Which?	ay?	أي؟
To whom?	li man?	لمن؟
About whom?	'amman?	عمّن؟
About what?	'amma?	عمّا؟
With whom?	ma' man?	مع من؟
How many? How much?	kam?	كم؟
Whose?	li man?	لمن؟

16. Prepositions

with (accompanied by)	ma'	مع
without	bi dūn	بدون
to (indicating direction)	ila	إلى
about (talking ~ ...)	'an	عن

before (in time)	qabl	قبل
in front of ...	amām	أمام
under (beneath, below)	taht	تحت
above (over)	fawq	فوق
on (atop)	'ala	على
from (off, out of)	min	من
of (made from)	min	من
in (e.g., ~ ten minutes)	ba'd	بعد
over (across the top of)	'abr	عبر

17. Function words. Adverbs. Part 1

Where? (at, in)	ayna?	أين؟
here (adv)	huna	هنا
there (adv)	hunāk	هناك
somewhere (to be)	fi makānin ma	في مكان ما
nowhere (not anywhere)	la fi ay makān	لا في أي مكان
by (near, beside)	bi ʒānib	بجانب
by the window	bi ʒānib aʃ ʃubbāk	بجانب الشبّاك
Where (to)?	ila ayna?	إلى أين؟
here (e.g., come ~!)	huna	هنا
there (e.g., to go ~)	hunāk	هناك
from here (adv)	min huna	من هنا
from there (adv)	min hunāk	من هناك
close (adv)	qarīban	قريبًا
far (adv)	ba'īdan	بعيدًا
near (e.g., ~ Paris)	'ind	عند
nearby (adv)	qarīban	قريبًا
not far (adv)	ɣayr ba'īd	غير بعيد
left (adj)	al yasār	اليسار
on the left	'alaʃ ʃimāl	على الشمال
to the left	ilaʃ ʃimāl	إلى الشمال
right (adj)	al yamīn	اليمين
on the right	'alal yamīn	على اليمين
to the right	Ilal yamīn	إلى اليمين
in front (adv)	min al amām	من الأمام
front (as adj)	amāmiy	أماميّ
ahead (the kids ran ~)	ilal amām	إلى الأمام
behind (adv)	warā'	وراء
from behind	min al warā'	من الوراء

back (towards the rear)	ilal warā'	إلى الوراء
middle	wasaṭ (m)	وسط
in the middle	fil wasat	في الوسط
at the side	bi ʒānib	بجانب
everywhere (adv)	fi kull makān	في كل مكان
around (in all directions)	ḥawl	حول
from inside	min ad dāχil	من الداخل
somewhere (to go)	ila ayy makān	إلى أيّ مكان
straight (directly)	bi aqsar ṭarīq	بأقصر طريق
back (e.g., come ~)	'īyāban	إيابًا
from anywhere	min ayy makān	من أي مكان
from somewhere	min makānin ma	من مكان ما
firstly (adv)	awwalan	أوّلًا
secondly (adv)	θāniyan	ثانيًا
thirdly (adv)	θāliθan	ثالثًا
suddenly (adv)	faʒ'a	فجأة
at first (in the beginning)	fil bidāya	في البداية
for the first time	li 'awwal marra	لأوّل مرّة
long before ...	qabl ... bi mudda ṭawīla	قبل...بمدّة طويلة
anew (over again)	min ʒadīd	من جديد
for good (adv)	ilal abad	إلى الأبد
never (adv)	abadan	أبدًا
again (adv)	min ʒadīd	من جديد
now (adv)	al 'ān	الآن
often (adv)	kaθīran	كثيرًا
then (adv)	fi ðalika al waqt	في ذلك الوقت
urgently (quickly)	'āʒilan	عاجلًا
usually (adv)	kal 'āda	كالعادة
by the way, ...	'ala fikra ...	على فكرة...
possible (that is ~)	min al mumkin	من الممكن
probably (adv)	la'alla	لعلّ
maybe (adv)	min al mumkin	من الممكن
besides ...	bil iḍāfa ila ðalik ...	بالإضافة إلى...
that's why ...	li ðalik	لذلك
in spite of ...	bir raɣm min ...	بالرغم من...
thanks to ...	bi faḍl ...	بفضل...
what (pron.)	allaði	الذي
that (conj.)	anna	أنّ
something	ʃay' (m)	شيء
anything (something)	ʃay' (m)	شيء
nothing	la ʃay'	لا شيء
who (pron.)	allaði	الذي
someone	aḥad	أحد

somebody	aḥad	أحد
nobody	la aḥad	لا أحد
nowhere (a voyage to ~)	la ila ay makān	لا إلى أي مكان
nobody's	la yaχuṣṣ aḥad	لا يخص أحداً
somebody's	li aḥad	لأحد
so (I'm ~ glad)	hakaða	هكذا
also (as well)	kaðalika	كذلك
too (as well)	ayḍan	أيضًا

18. Function words. Adverbs. Part 2

Why?	li māða?	لماذا؟
for some reason	li sababin ma	لسبب ما
because ...	li'anna ...	لأن...
for some purpose	li amr mā	لأمر ما
and	wa	و
or	aw	أو
but	lakin	لكن
for (e.g., ~ me)	li	لـ
too (~ many people)	kaθīran ʒiddan	كثير جدًا
only (exclusively)	faqaṭ	فقط
exactly (adv)	biḍ ḍabṭ	بالضبط
about (more or less)	naḥw	نحو
approximately (adv)	taqrīban	تقريبًا
approximate (adj)	taqrībiy	تقريبي
almost (adv)	taqrīban	تقريبًا
the rest	al bāqi (m)	الباقي
each (adj)	kull	كلّ
any (no matter which)	ayy	أيّ
many, much (a lot of)	kaθīr	كثير
many people	kaθīr min an nās	كثير من الناس
all (everyone)	kull an nās	كل الناس
in return for ...	muqābil ...	مقابل...
in exchange (adv)	muqābil	مقابل
by hand (made)	bil yad	باليد
hardly (negative opinion)	hayhāt	هيهات
probably (adv)	la'alla	لعلّ
on purpose (intentionally)	qaṣdan	قصدا
by accident (adv)	ṣudfa	صدفة
very (adv)	ʒiddan	جدًا
for example (adv)	maθalan	مثلا
between	bayn	بين

among	bayn	بين
so much (such a lot)	haðihi al kammiyya	هذه الكمية
especially (adv)	χāṣṣa	خاصّة

Basic concepts. Part 2

19. Weekdays

Monday	yawm al iθnayn (m)	يوم الإثنين
Tuesday	yawm aθ θulāθā' (m)	يوم الثلاثاء
Wednesday	yawm al arbi'ā' (m)	يوم الأربعاء
Thursday	yawm al χamīs (m)	يوم الخميس
Friday	yawm al ʒum'a (m)	يوم الجمعة
Saturday	yawm as sabt (m)	يوم السبت
Sunday	yawm al aḥad (m)	يوم الأحد
today (adv)	al yawm	اليوم
tomorrow (adv)	ɣadan	غداً
the day after tomorrow	ba'd ɣad	بعد غد
yesterday (adv)	ams	أمس
the day before yesterday	awwal ams	أوّل أمس
day	yawm (m)	يوم
working day	yawm 'amal (m)	يوم عمل
public holiday	yawm al 'uṭla ar rasmiyya (m)	يوم العطلة الرسمية
day off	yawm 'uṭla (m)	يوم عطلة
weekend	ayyām al 'uṭla (pl)	أيام العطلة
all day long	ṭūl al yawm	طول اليوم
the next day (adv)	fil yawm at tāli	في اليوم التالي
two days ago	min yawmayn	قبل يومين
the day before	fil yawm as sābiq	في اليوم السابق
daily (adj)	yawmiy	يومي
every day (adv)	yawmiyyan	يومياً
week	usbū' (m)	أسبوع
last week (adv)	fil isbū' al māḍi	في الأسبوع الماضي
next week (adv)	fil isbū' al qādim	في الأسبوع القادم
weekly (adj)	usbū'iy	أسبوعي
every week (adv)	usbū'iyyan	أسبوعياً
twice a week	marratayn fil usbū'	مرّتين في الأسبوع
every Tuesday	kull yawm aθ θulaθā'	كل يوم الثلاثاء

20. Hours. Day and night

morning	ṣabāḥ (m)	صباح
in the morning	fiṣ ṣabāḥ	في الصباح

noon, midday	ẓuhr (m)	ظهر
in the afternoon	baʻd az ẓuhr	بعد الظهر
evening	masāʼ (m)	مساء
in the evening	fil masāʼ	في المساء
night	layl (m)	ليل
at night	bil layl	بالليل
midnight	muntaṣif al layl (m)	منتصف الليل
second	θāniya (f)	ثانية
minute	daqīqa (f)	دقيقة
hour	sāʻa (f)	ساعة
half an hour	niṣf sāʻa (m)	نصف ساعة
a quarter-hour	rubʻ sāʻa (f)	ربع ساعة
fifteen minutes	χamsat ʻaʃar daqīqa	خمس عشرة دقيقة
24 hours	yawm kāmil (m)	يوم كامل
sunrise	ʃurūq aʃ ʃams (m)	شروق الشمس
dawn	faʒr (m)	فجر
early morning	ṣabāḥ bākir (m)	صباح باكر
sunset	ɣurūb aʃ ʃams (m)	غروب الشمس
early in the morning	fis ṣabāḥ al bākir	في الصباح الباكر
this morning	al yawm fiṣ ṣabāḥ	اليوم في الصباح
tomorrow morning	ɣadan fiṣ ṣabāḥ	غدًا في الصباح
this afternoon	al yawm baʻd az ẓuhr	اليوم بعد الظهر
in the afternoon	baʻd az ẓuhr	بعد الظهر
tomorrow afternoon	ɣadan baʻd az ẓuhr	غدًا بعد الظهر
tonight (this evening)	al yawm fil masāʼ	اليوم في المساء
tomorrow night	ɣadan fil masāʼ	غدًا في المساء
at 3 o'clock sharp	fis sāʻa aθ θāliθa tamāman	في الساعة الثالثة تماما
about 4 o'clock	fis sāʻa ar rābiʻa taqrīban	في الساعة الرابعة تقريبا
by 12 o'clock	ḥattas sāʻa aθ θāniya ʻaʃara	حتى الساعة الثانية عشرة
in 20 minutes	baʻd ʻiʃrīn daqīqa	بعد عشرين دقيقة
in an hour	baʻd sāʻa	بعد ساعة
on time (adv)	fi mawʻidih	في موعده
a quarter of ...	illa rubʻ	إلا ربع
within an hour	ṭiwāl sāʻa	طوال الساعة
every 15 minutes	kull rubʻ sāʻa	كل ربع ساعة
round the clock	layl nahār	ليل نهار

21. Months. Seasons

January	yanāyir (m)	يناير
February	fibrāyir (m)	فبراير

March	māris (m)	مارس
April	abrīl (m)	أبريل
May	māyu (m)	مايو
June	yūnyu (m)	يونيو

July	yūlyu (m)	يوليو
August	ayusṭus (m)	أغسطس
September	sibtambar (m)	سبتمبر
October	uktūbir (m)	أكتوبر
November	nuvimbar (m)	نوفمبر
December	disimbar (m)	ديسمبر

spring	rabī' (m)	ربيع
in spring	fir rabī'	في الربيع
spring (as adj)	rabī'iy	ربيعي

summer	ṣayf (m)	صيف
in summer	fiṣ ṣayf	في الصيف
summer (as adj)	ṣayfiy	صيفي

fall	χarīf (m)	خريف
in fall	fil χarīf	في الخريف
fall (as adj)	χarīfiy	خريفي

winter	ʃitā' (m)	شتاء
in winter	fiʃ ʃitā'	في الشتاء
winter (as adj)	ʃitawiy	شتوي

month	ʃahr (m)	شهر
this month	fi haða aʃ ʃahr	في هذا الشهر
next month	fiʃ ʃahr al qādim	في الشهر القادم
last month	fiʃ ʃahr al māḍi	في الشهر الماضي

a month ago	qabl ʃahr	قبل شهر
in a month (a month later)	ba'd ʃahr	بعد شهر
in 2 months (2 months later)	ba'd ʃahrayn	بعد شهرين
the whole month	ṭūl aʃ ʃahr	طول الشهر
all month long	ʃahr kāmil	شهر كامل

monthly (~ magazine)	ʃahriy	شهري
monthly (adv)	kull ʃahr	كل شهر
every month	kull ʃahr	كل شهر
twice a month	marratayn fiʃ ʃahr	مرّتين في الشهر

year	sana (f)	سنة
this year	fi haðihi as sana	في هذه السنة
next year	fis sana al qādima	في السنة القادمة
last year	fis sana al māḍiya	في السنة الماضية

| a year ago | qabla sana | قبل سنة |
| in a year | ba'd sana | بعد سنة |

in two years	ba'd sanatayn	بعد سنتين
the whole year	ṭūl as sana	طول السنة
all year long	sana kāmila	سنة كاملة
every year	kull sana	كل سنة
annual (adj)	sanawiy	سنويّ
annually (adv)	kull sana	كل سنة
4 times a year	arba' marrāt fis sana	أربع مرّات في السنة
date (e.g., today's ~)	tarīχ (m)	تاريخ
date (e.g., ~ of birth)	tarīχ (m)	تاريخ
calendar	taqwīm (m)	تقويم
half a year	niṣf sana (m)	نصف سنة
six months	niṣf sana (m)	نصف سنة
season (summer, etc.)	faṣl (m)	فصل
century	qarn (m)	قرن

22. Units of measurement

weight	wazn (m)	وزن
length	ṭūl (m)	طول
width	'arḍ (m)	عرض
height	irtifā' (m)	إرتفاع
depth	'umq (m)	عمق
volume	ḥaʒm (m)	حجم
area	misāḥa (f)	مساحة
gram	grām (m)	جرام
milligram	milliyrām (m)	مليغرام
kilogram	kiluyrām (m)	كيلوغرام
ton	ṭunn (m)	طنّ
pound	raṭl (m)	رطل
ounce	ūnṣa (f)	أونصة
meter	mitr (m)	متر
millimeter	millimitr (m)	مليمتر
centimeter	santimitr (m)	سنتيمتر
kilometer	kilumitr (m)	كيلومتر
mile	mīl (m)	ميل
inch	būṣa (f)	بوصة
foot	qadam (f)	قدم
yard	yārda (f)	ياردة
square meter	mitr murabba' (m)	متر مربّع
hectare	hiktār (m)	هكتار
liter	litr (m)	لتر
degree	daraʒa (f)	درجة

volt	vūlt (m)	فولت
ampere	ambīr (m)	أمبير
horsepower	ḥiṣān (m)	حصان

quantity	kammiyya (f)	كمّيّة
a little bit of ...	qalīl ...	قليل...
half	niṣf (m)	نصف
dozen	iθnā ʿaʃar (f)	إثنا عشر
piece (item)	waḥda (f)	وحدة

| size | ḥaʒm (m) | حجم |
| scale (map ~) | miqyās (m) | مقياس |

minimal (adj)	al adna	الأدنى
the smallest (adj)	al aṣɣar	الأصغر
medium (adj)	mutawassiṭ	متوسّط
maximal (adj)	al aqṣa	الأقصى
the largest (adj)	al akbar	الأكبر

23. Containers

canning jar (glass ~)	barṭamān (m)	برطمان
can	tanaka (f)	تنكة
bucket	ʒardal (m)	جردل
barrel	barmīl (m)	برميل

wash basin (e.g., plastic ~)	ḥawḍ lil ɣasīl (m)	حوض للغسيل
tank (100L water ~)	xazzān (m)	خزّان
hip flask	zamzamiyya (f)	زمزميّة
jerrycan	ʒirikan (m)	جركن
tank (e.g., tank car)	xazzān (m)	خزّان

mug	māgg (m)	ماج
cup (of coffee, etc.)	finʒān (m)	فنجان
saucer	ṭabaq finʒān (m)	طبق فنجان
glass (tumbler)	kubbāya (f)	كبّاية
wine glass	ka's (f)	كأس
stock pot (soup pot)	kassirūlla (f)	كاسرولة

| bottle (~ of wine) | zuʒāʒa (f) | زجاجة |
| neck (of the bottle, etc.) | ʿunq (m) | عنق |

carafe (decanter)	dawraq zuʒāʒiy (m)	دورق زجاجيّ
pitcher	ibrīq (m)	إبريق
vessel (container)	inā' (m)	إناء
pot (crock, stoneware ~)	aṣīṣ (m)	أصيص
vase	vāza (f)	فازة

| bottle (perfume ~) | zuʒāʒa (f) | زجاجة |
| vial, small bottle | zuʒāʒa (f) | زجاجة |

tube (of toothpaste)	umbūba (f)	أنبوبة
sack (bag)	kīs (m)	كيس
bag (paper ~, plastic ~)	kīs (m)	كيس
pack (of cigarettes, etc.)	'ulba (f)	علبة
box (e.g., shoebox)	'ulba (f)	علبة
crate	ṣundū' (m)	صندوق
basket	salla (f)	سلة

HUMAN BEING

Human being. The body

24. Head

head	ra's (m)	رأس
face	waʒh (m)	وجه
nose	anf (m)	أنف
mouth	fam (m)	فم
eye	ʻayn (f)	عين
eyes	ʻuyūn (pl)	عيون
pupil	ḥadaqa (f)	حدقة
eyebrow	ḥāʒib (m)	حاجب
eyelash	rimʃ (m)	رمش
eyelid	ʒafn (m)	جفن
tongue	lisān (m)	لسان
tooth	sinn (f)	سنّ
lips	ʃifāh (pl)	شفاه
cheekbones	ʻiẓām waʒhiyya (pl)	عظام وجهيّة
gum	liθθa (f)	لثّة
palate	ḥanak (m)	حنك
nostrils	minxarān (du)	منخران
chin	ðaqan (m)	ذقن
jaw	fakk (m)	فكّ
cheek	xadd (m)	خدّ
forehead	ʒabha (f)	جبهة
temple	ṣudɣ (m)	صدغ
ear	uðun (f)	أذن
back of the head	qafa (m)	قفا
neck	raqaba (f)	رقبة
throat	ḥalq (m)	حلق
hair	ʃaʻr (m)	شعر
hairstyle	tasrīḥa (f)	تسريحة
haircut	tasrīḥa (f)	تسريحة
wig	barūka (f)	باروكة
mustache	ʃawārib (pl)	شوارب
beard	liḥya (f)	لحية
to have (a beard, etc.)	ʻindahu	عنده

braid	ḍifīra (f)	ضفيرة
sideburns	sawālif (pl)	سوالف
red-haired (adj)	aḥmar aʃʃaʿr	أحمر الشعر
gray (hair)	abyaḍ	أبيض
bald (adj)	aṣlaʿ	أصلع
bald patch	ṣalaʿ (m)	صلع
ponytail	ðayl ḥiṣān (m)	ذيل حصان
bangs	quṣṣa (f)	قصّة

25. Human body

hand	yad (m)	يد
arm	ðirāʿ (f)	ذراع
finger	iṣbaʿ (m)	إصبع
toe	iṣbaʿ al qadam (m)	إصبع القدم
thumb	ibhām (m)	إبهام
little finger	xunṣur (m)	خنصر
nail	ẓufr (m)	ظفر
fist	qabḍa (f)	قبضة
palm	kaff (f)	كفّ
wrist	miʿṣam (m)	معصم
forearm	sāʿid (m)	ساعد
elbow	mirfaq (m)	مرفق
shoulder	katf (f)	كتف
leg	riʒl (f)	رجل
foot	qadam (f)	قدم
knee	rukba (f)	ركبة
calf (part of leg)	sammāna (f)	سمّانة
hip	faxð (f)	فخذ
heel	ʿaqb (m)	عقب
body	ʒism (m)	جسم
stomach	baṭn (m)	بطن
chest	ṣadr (m)	صدر
breast	θady (m)	ثدي
flank	ʒamb (m)	جنب
back	ẓahr (m)	ظهر
lower back	asfal aẓ ẓahr (m)	أسفل الظهر
waist	xaṣr (m)	خصر
navel (belly button)	surra (f)	سرّة
buttocks	ardāf (pl)	أرداف
bottom	dubr (m)	دبر
beauty mark	ʃāma (f)	شامة
birthmark (café au lait spot)	waḥma	وحمة

tattoo	waʃm (m)	وشم
scar	nadba (f)	ندبة

Clothing & Accessories

26. Outerwear. Coats

clothes	malābis (pl)	ملابس
outerwear	malābis fawqāniyya (pl)	ملابس فوقانيّة
winter clothing	malābis ʃitawiyya (pl)	ملابس شتويّة
coat (overcoat)	miʻṭaf (m)	معطف
fur coat	miʻṭaf farw (m)	معطف فرو
fur jacket	ʒakīt farw (m)	جاكيت فرو
down coat	haʃiyyat rīʃ (m)	حشية ريش
jacket (e.g., leather ~)	ʒakīt (m)	جاكيت
raincoat (trenchcoat, etc.)	miʻṭaf lil maṭar (m)	معطف للمطر
waterproof (adj)	ṣāmid lil mā'	صامد للماء

27. Men's & women's clothing

shirt (button shirt)	qamīṣ (m)	قميص
pants	banṭalūn (m)	بنطلون
jeans	ʒīnz (m)	جينز
suit jacket	sutra (f)	سترة
suit	badla (f)	بدلة
dress (frock)	fustān (m)	فستان
skirt	tannūra (f)	تنّورة
blouse	blūza (f)	بلوزة
knitted jacket (cardigan, etc.)	kardigān (m)	كارديجان
jacket (of woman's suit)	ʒakīt (m)	جاكيت
T-shirt	ti ʃirt (m)	تي شيرت
shorts (short trousers)	ʃūrt (m)	شورت
tracksuit	badlat at tadrīb (f)	بدلة التدريب
bathrobe	θawb ḥammām (m)	ثوب حمّام
pajamas	biʒāma (f)	بيجاما
sweater	bulūvir (m)	بلوفر
pullover	bulūvir (m)	بلوفر
vest	ṣudayriy (m)	صديريّ
tailcoat	badlat sahra (f)	بدلة سهرة
tuxedo	smūkin (m)	سموكن

uniform	zayy muwaḥḥad (m)	زي موحّد
workwear	θiyāb al 'amal (m)	ثياب العمل
overalls	uvirūl (m)	اوفرول
coat (e.g., doctor's smock)	θawb (m)	ثوب

28. Clothing. Underwear

underwear	malābis dāxiliyya (pl)	ملابس داخليّة
boxers, briefs	sirwāl dāxiliy riǧāliy (m)	سروال داخلي رجالي
panties	sirwāl dāxiliy nisā'iy (m)	سروال داخلي نسائي
undershirt (A-shirt)	qamīṣ bila aqmām (m)	قميص بلا أكمام
socks	ʒawārib (pl)	جوارب
nightgown	qamīṣ nawm (m)	قميص نوم
bra	ḥammālat ṣadr (f)	حمّالة صدر
knee highs (knee-high socks)	ʒawārib ṭawīla (pl)	جوارب طويلة
pantyhose	ʒawārib kulūn (pl)	جوارب كولون
stockings (thigh highs)	ʒawārib nisā'iyya (pl)	جوارب نسائية
bathing suit	libās sibāḥa (m)	لباس سباحة

29. Headwear

hat	qubba'a (f)	قبّعة
fedora	burnayṭa (f)	برنيطة
baseball cap	kāb baysbūl (m)	كاب بيسبول
flatcap	qubba'a musaṭṭaḥa (f)	قبّعة مسطحة
beret	birīh (m)	بيريه
hood	ɣiṭā' (m)	غطاء
panama hat	qubba'at banāma (f)	قبّعة بناما
knit cap (knitted hat)	qubbā'a maḥbūka (m)	قبّعة محبوكة
headscarf	īǧārb (m)	إيشارب
women's hat	burnayṭa (f)	برنيطة
hard hat	xūða (f)	خوذة
garrison cap	kāb (m)	كاب
helmet	xūða (f)	خوذة
derby	qubba'at dirbi (f)	قبّعة ديربي
top hat	qubba'a 'āliya (f)	قبّعة عالية

30. Footwear

footwear	aḥðiya (pl)	أحذية
shoes (men's shoes)	ʒazma (f)	جزمة

shoes (women's shoes)	ʒazma (f)	جزمة
boots (e.g., cowboy ~)	būt (m)	بوت
slippers	ʃibʃib (m)	شبشب
tennis shoes (e.g., Nike ~)	ḥiðā' riyāḍiy (m)	حذاء رياضيّ
sneakers (e.g., Converse ~)	kutʃi (m)	كوتشي
sandals	ṣandal (pl)	صندل
cobbler (shoe repairer)	iskāfiy (m)	إسكافيّ
heel	ka'b (m)	كعب
pair (of shoes)	zawʒ (m)	زوج
shoestring	ʃarīṭ (m)	شريط
to lace (vt)	rabaṭ	ربط
shoehorn	labbāsat ḥiðā' (f)	لبّاسة حذاء
shoe polish	warnīʃ al ḥiðā' (m)	ورنيش الحذاء

31. Personal accessories

gloves	quffāz (m)	قفّاز
mittens	quffāz muɣlaq (m)	قفّاز مغلق
scarf (muffler)	'īʃārb (m)	إيشارب
glasses (eyeglasses)	naẓẓāra (f)	نظّارة
frame (eyeglass ~)	iṭār (m)	إطار
umbrella	ʃamsiyya (f)	شمسيّة
walking stick	'aṣa (f)	عصا
hairbrush	furʃat ʃa'r (f)	فرشة شعر
fan	mirwaḥa yadawiyya (f)	مروحة يدويّة
tie (necktie)	karavatta (f)	كرافتة
bow tie	babyūn (m)	ببيون
suspenders	ḥammāla (f)	حمّالة
handkerchief	mandīl (m)	منديل
comb	miʃṭ (m)	مشط
barrette	dabbūs (m)	دبّوس
hairpin	bansa (m)	بنسة
buckle	bukla (f)	بكلة
belt	ḥizām (m)	حزام
shoulder strap	ḥammalat al katf (f)	حمّالة الكتف
bag (handbag)	ʃanṭa (f)	شنطة
purse	ʃanṭat yad (f)	شنطة يد
backpack	ḥaqībat ẓahr (f)	حقيبة ظهر

32. Clothing. Miscellaneous

fashion	mūḍa (f)	موضة
in vogue (adj)	fil mūḍa	في الموضة
fashion designer	muṣammim azyā' (m)	مصمّم أزياء
collar	yāqa (f)	ياقة
pocket	ʒayb (m)	جيب
pocket (as adj)	ʒayb	جيب
sleeve	kumm (m)	كمّ
hanging loop	ʿallāqa (f)	علّاقة
fly (on trousers)	lisān (m)	لسان
zipper (fastener)	zimām munzaliq (m)	زمام منزلق
fastener	miʃbak (m)	مشبك
button	zirr (m)	زرّ
buttonhole	ʿurwa (f)	عروة
to come off (ab. button)	waqaʿ	وقع
to sew (vi, vt)	χāṭ	خاط
to embroider (vi, vt)	ṭarraz	طرّز
embroidery	taṭrīz (m)	تطريز
sewing needle	ibra (f)	إبرة
thread	χayṭ (m)	خيط
seam	darz (m)	درز
to get dirty (vi)	tawassaχ	توسّخ
stain (mark, spot)	buqʿa (f)	بقعة
to crease, crumple (vi)	takarmaʃ	تكرمش
to tear, to rip (vt)	qaṭṭaʿ	قطّع
clothes moth	ʿuθθa (f)	عثّة

33. Personal care. Cosmetics

toothpaste	maʿʒūn asnān (m)	معجون أسنان
toothbrush	furʃat asnān (f)	فرشة أسنان
to brush one's teeth	naẓẓaf al asnān	نظّف الأسنان
razor	mūs ḥilāqa (m)	موس حلاقة
shaving cream	krīm ḥilāqa (m)	كريم حلاقة
to shave (vi)	ḥalaq	حلق
soap	ṣābūn (m)	صابون
shampoo	ʃāmbū (m)	شامبو
scissors	maqaṣṣ (m)	مقصّ
nail file	mibrad (m)	مبرد
nail clippers	milqaṭ (m)	ملقط
tweezers	milqaṭ (m)	ملقط

cosmetics	mawādd at taʒmīl (pl)	مواد التجميل
face mask	mask (m)	ماسك
manicure	manikūr (m)	مانيكور
to have a manicure	'amal manikūr	عمل مانيكور
pedicure	badikīr (m)	باديكير
make-up bag	ḥaqībat adawāt at taʒmīl (f)	حقيبة أدوات التجميل
face powder	budrat waʒh (f)	بودرة وجه
powder compact	'ulbat būdra (f)	علبة بودرة
blusher	aḥmar xudūd (m)	أحمر خدود
perfume (bottled)	'iṭr (m)	عطر
toilet water (lotion)	kulūnya (f)	كولونيا
lotion	lusiyun (m)	لوسيون
cologne	kulūniya (f)	كولونيا
eyeshadow	ay ʃaduw (m)	اي شادو
eyeliner	kuḥl al 'uyūn (m)	كحل العيون
mascara	maskara (f)	ماسكارا
lipstick	aḥmar ʃifāh (m)	أحمر شفاه
nail polish, enamel	mulammi' al aẓāfir (m)	ملمّع الاظافر
hair spray	muθabbit aʃ ʃa'r (m)	مثبّت الشعر
deodorant	muzīl rawā'iḥ (m)	مزيل روائح
cream	krīm (m)	كريم
face cream	krīm lil waʒh (m)	كريم للوجه
hand cream	krīm lil yadayn (m)	كريم لليدين
anti-wrinkle cream	krīm muḍādd lit taʒā'īd (m)	كريم مضاد للتجاعيد
day cream	krīm an nahār (m)	كريم النهار
night cream	krīm al layl (m)	كريم الليل
day (as adj)	nahāriy	نهاري
night (as adj)	layliy	ليلي
tampon	tambūn (m)	تانبون
toilet paper (toilet roll)	waraq ḥammām (m)	ورق حمّام
hair dryer	muʒaffif ʃa'r (m)	مجفف شعر

34. Watches. Clocks

watch (wristwatch)	sā'a (f)	ساعة
dial	waʒh as sā'a (m)	وجه الساعة
hand (of clock, watch)	'aqrab as sā'a (m)	عقرب الساعة
metal watch band	siwār sā'a ma'daniyya (m)	سوار ساعة معدنية
watch strap	siwār sā'a (m)	سوار ساعة
battery	baṭṭāriyya (f)	بطّارية
to be dead (battery)	tafarrax	تفرّغ
to change a battery	xayyar al baṭṭāriyya	غيّر البطّارية
to run fast	sabaq	سبق

to run slow	ta'axxar	تأخَّر
wall clock	sā'at ḥā'iṭ (f)	ساعة حائط
hourglass	sā'a ramliyya (f)	ساعة رمليّة
sundial	sā'a ʃamsiyya (f)	ساعة شمسيّة
alarm clock	munabbih (m)	منبّه
watchmaker	sa'ātiy (m)	ساعاتيّ
to repair (vt)	aṣlaḥ	أصلح

Food. Nutricion

35. Food

meat	laḥm (m)	لحم
chicken	daʒāʒ (m)	دجاج
Rock Cornish hen (poussin)	farrūʒ (m)	فروج
duck	baṭṭa (f)	بطة
goose	iwazza (f)	إوزة
game	ṣayd (m)	صيد
turkey	daʒāʒ rūmiy (m)	دجاج رومي
pork	laḥm al xinzīr (m)	لحم الخنزير
veal	laḥm il 'iʒl (m)	لحم العجل
lamb	laḥm aḍ ḍa'n (m)	لحم الضأن
beef	laḥm al baqar (m)	لحم البقر
rabbit	arnab (m)	أرنب
sausage (bologna, pepperoni, etc.)	suʒuq (m)	سجق
vienna sausage (frankfurter)	suʒuq (m)	سجق
bacon	bikūn (m)	بيكون
ham	hām (m)	هام
gammon	faxð xinzīr (m)	فخذ خنزير
pâté	ma'ʒūn laḥm (m)	معجون لحم
liver	kibda (f)	كبدة
hamburger (ground beef)	ḥaʃwa (f)	حشوة
tongue	lisān (m)	لسان
egg	bayḍa (f)	بيضة
eggs	bayḍ (m)	بيض
egg white	bayāḍ al bayḍ (m)	بياض البيض
egg yolk	ṣafār al bayḍ (m)	صفار البيض
fish	samak (m)	سمك
seafood	fawākih al baḥr (pl)	فواكه البحر
caviar	kaviyār (m)	كافيار
crab	salṭa'ūn (m)	سلطعون
shrimp	ʒambari (m)	جمبري
oyster	maḥār (m)	محار
spiny lobster	karkand ʃāik (m)	كركند شائك
octopus	uxṭubūṭ (m)	أخطبوط

squid	kalmāri (m)	كالماري
sturgeon	samak al ḥaff (m)	سمك الحفش
salmon	salmūn (m)	سلمون
halibut	samak al halbūt (m)	سمك الهلبوت
cod	samak al qudd (m)	سمك القدّ
mackerel	usqumriy (m)	أسقمريّ
tuna	tūna (f)	تونة
eel	ḥankalīs (m)	حنكليس
trout	salmūn muraqqaṭ (m)	سلمون مرقط
sardine	sardīn (m)	سردين
pike	samak al karāki (m)	سمك الكراكي
herring	rinʒa (f)	رنجة
bread	χubz (m)	خبز
cheese	ʒubna (f)	جبنة
sugar	sukkar (m)	سكّر
salt	milḥ (m)	ملح
rice	urz (m)	أرز
pasta (macaroni)	makarūna (f)	مكرونة
noodles	nūdlis (f)	نودلز
butter	zubda (f)	زبدة
vegetable oil	zayt (m)	زيت
sunflower oil	zayt ʿabīd aʃ ʃams (m)	زيت عبيد الشمس
margarine	marɣarīn (m)	مرغرين
olives	zaytūn (m)	زيتون
olive oil	zayt az zaytūn (m)	زيت الزيتون
milk	ḥalīb (m)	حليب
condensed milk	ḥalīb mukaθθaf (m)	حليب مكثّف
yogurt	yūɣurt (m)	يوغورت
sour cream	krīma ḥāmiḍa (f)	كريمة حامضة
cream (of milk)	krīma (f)	كريمة
mayonnaise	mayunīz (m)	مايونيز
buttercream	krīmat zubda (f)	كريمة زبدة
cereal grains (wheat, etc.)	ḥubūb (pl)	حبوب
flour	daqīq (m)	دقيق
canned food	muʿallabāt (pl)	معلّبات
cornflakes	kurn fliks (m)	كورن فليكس
honey	ʿasal (m)	عسل
jam	murabba (m)	مربّى
chewing gum	ʿilk (m)	علك

36. Drinks

water	mā' (m)	ماء
drinking water	mā' ʃurb (m)	ماء شرب
mineral water	mā' ma'daniy (m)	ماء معدنيّ
still (adj)	bi dūn ɣāz	بدون غاز
carbonated (adj)	mukarban	مكربن
sparkling (adj)	bil ɣāz	بالغاز
ice	θalʒ (m)	ثلج
with ice	biθ θalʒ	بالثلج
non-alcoholic (adj)	bi dūn kuḥūl	بدون كحول
soft drink	maʃrūb ɣāziy (m)	مشروب غازي
refreshing drink	maʃrūb muθallaʒ (m)	مشروب مثلج
lemonade	ʃarāb laymūn (m)	شراب ليمون
liquors	maʃrūbāt kuḥūliyya (pl)	مشروبات كحوليّة
wine	nabīð (f)	نبيذ
white wine	nibīð abyaḍ (m)	نبيذ أبيض
red wine	nabīð aḥmar (m)	نبيذ أحمر
liqueur	liqiūr (m)	ليكيور
champagne	ʃambāniya (f)	شمبانيا
vermouth	virmut (m)	فيرموث
whiskey	wiski (m)	وسكي
vodka	vudka (f)	فودكا
gin	ʒīn (m)	جين
cognac	kunyāk (m)	كونياك
rum	rum (m)	رم
coffee	qahwa (f)	قهوة
black coffee	qahwa sāda (f)	قهوة سادة
coffee with milk	qahwa bil ḥalīb (f)	قهوة بالحليب
cappuccino	kaputʃīnu (m)	كابتشينو
instant coffee	niskafi (m)	نيسكافيه
milk	ḥalīb (m)	حليب
cocktail	kuktayl (m)	كوكتيل
milkshake	milk ʃiyk (m)	ميلك شيك
juice	'aṣīr (m)	عصير
tomato juice	'aṣīr ṭamāṭim (m)	عصير طماطم
orange juice	'aṣīr burtuqāl (m)	عصير برتقال
freshly squeezed juice	'aṣīr ṭāziʒ (m)	عصير طازج
beer	bīra (f)	بيرة
light beer	bīra xafīfa (f)	بيرة خفيفة
dark beer	bīra ɣāmiqa (f)	بيرة غامقة
tea	ʃāy (m)	شاي

black tea	ʃāy aswad (m)	شاي أسود
green tea	ʃāy axḍar (m)	شاي أخضر

37. Vegetables

vegetables	xuḍār (pl)	خضار
greens	xuḍrawāt waraqiyya (pl)	خضروات ورقيّة
tomato	ṭamāṭim (f)	طماطم
cucumber	xiyār (m)	خيار
carrot	ʒazar (m)	جزر
potato	baṭāṭis (f)	بطاطس
onion	baṣal (m)	بصل
garlic	θūm (m)	ثوم
cabbage	kurumb (m)	كرنب
cauliflower	qarnabīṭ (m)	قرنبيط
Brussels sprouts	kurumb brūksil (m)	كرنب بروكسل
broccoli	brukuli (m)	بركولي
beetroot	banʒar (m)	بنجر
eggplant	bātinʒān (m)	باذنجان
zucchini	kūsa (f)	كوسة
pumpkin	qarʿ (m)	قرع
turnip	lift (m)	لفت
parsley	baqdūnis (m)	بقدونس
dill	ʃabat (m)	شبت
lettuce	xass (m)	خسّ
celery	karafs (m)	كرفس
asparagus	halyūn (m)	هليون
spinach	sabāniẋ (m)	سبانخ
pea	bisilla (f)	بسلة
beans	fūl (m)	فول
corn (maize)	ðura (f)	ذرّة
kidney bean	faṣūliya (f)	فاصوليا
bell pepper	filfil (m)	فلفل
radish	fiʒl (m)	فجل
artichoke	xurʃūf (m)	خرشوف

38. Fruits. Nuts

fruit	fākiha (f)	فاكهة
apple	tuffāḥa (f)	تفّاحة
pear	kummaθra (f)	كمّثرى
lemon	laymūn (m)	ليمون

orange	burtuqāl (m)	برتقال
strawberry (garden ~)	farawla (f)	فراولة
mandarin	yūsufiy (m)	يوسفي
plum	barqūq (m)	برقوق
peach	durrāq (m)	دراق
apricot	miʃmiʃ (f)	مشمش
raspberry	tūt al ʿullayq al aḥmar (m)	توت العليق الأحمر
pineapple	ananās (m)	أناناس
banana	mawz (m)	موز
watermelon	baṭṭīx aḥmar (m)	بطّيخ أحمر
grape	ʿinab (m)	عنب
cherry	karaz (m)	كرز
melon	baṭṭīx aṣfar (f)	بطّيخ أصفر
grapefruit	zinbāʿ (m)	زنباع
avocado	avukādu (f)	افوكاتو
papaya	babāya (m)	بابايا
mango	mangu (m)	مانجو
pomegranate	rummān (m)	رمان
redcurrant	kiʃmiʃ aḥmar (m)	كشمش أحمر
blackcurrant	ʿinab aθ θaʿlab al aswad (m)	عنب الثعلب الأسود
gooseberry	ʿinab aθ θaʿlab (m)	عنب الثعلب
bilberry	ʿinab al aḥrāʒ (m)	عنب الأحراج
blackberry	θamar al ʿullayk (m)	ثمر العليّق
raisin	zabīb (m)	زبيب
fig	tīn (m)	تين
date	tamr (m)	تمر
peanut	fūl sudāniy (m)	فول سودانيّ
almond	lawz (m)	لوز
walnut	ʿayn al ʒamal (f)	عين الجمل
hazelnut	bunduq (m)	بندق
coconut	ʒawz al hind (m)	جوز هند
pistachios	fustuq (m)	فستق

39. Bread. Candy

bakers' confectionery (pastry)	ḥalawiyyāt (pl)	حلويّات
bread	xubz (m)	خبز
cookies	baskawīt (m)	بسكويت
chocolate (n)	ʃukulāta (f)	شكولاتة
chocolate (as adj)	biʃ ʃukulāta	بالشكولاتة
candy (wrapped)	bumbūn (m)	بونبون

cake (e.g., cupcake)	ka'k (m)	كعك
cake (e.g., birthday ~)	tūrta (f)	تورتة
pie (e.g., apple ~)	faṭīra (f)	فطيرة
filling (for cake, pie)	ḥaʃwa (f)	حشوة
jam (whole fruit jam)	murabba (m)	مربّى
marmalade	marmalād (f)	مرملاد
waffles	wāfil (m)	وافل
ice-cream	muθallaʒāt (pl)	مثلجات
pudding	būding (m)	بودنج

40. Cooked dishes

course, dish	waʒba (f)	وجبة
cuisine	maṭbax (m)	مطبخ
recipe	waṣfa (f)	وصفة
portion	waʒba (f)	وجبة
salad	sulṭa (f)	سلطة
soup	ʃūrba (f)	شوربة
clear soup (broth)	maraq (m)	مرق
sandwich (bread)	sandawitʃ (m)	ساندويتش
fried eggs	bayḍ maqliy (m)	بيض مقلي
hamburger (beefburger)	hamburger (m)	هامبورجر
beefsteak	biftīk (m)	بفتيك
side dish	ṭabaq ʒānibiy (m)	طبق جانبي
spaghetti	spaɣitti (m)	سباغيتي
mashed potatoes	harīs baṭāṭis (m)	هريس بطاطس
pizza	bītza (f)	بيتزا
porridge (oatmeal, etc.)	'aṣīda (f)	عصيدة
omelet	bayḍ maxfūq (m)	بيض مخفوق
boiled (e.g., ~ beef)	maslūq	مسلوق
smoked (adj)	mudaxxin	مدخّن
fried (adj)	maqliy	مقلي
dried (adj)	muʒaffaf	مجفّف
frozen (adj)	muʒammad	مجمّد
pickled (adj)	muxallil	مخلّل
sweet (sugary)	musakkar	مسكّر
salty (adj)	māliḥ	مالح
cold (adj)	bārid	بارد
hot (adj)	sāxin	ساخن
bitter (adj)	murr	مرّ
tasty (adj)	laðīð	لذيذ
to cook in boiling water	ṭabax	طبخ

to cook (dinner)	ḥaḍḍar	حضّر
to fry (vt)	qala	قلي
to heat up (food)	saxxan	سخّن

to salt (vt)	mallaḥ	ملّح
to pepper (vt)	falfal	فلفل
to grate (vt)	baʃar	بشر
peel (n)	qiʃra (f)	قشرة
to peel (vt)	qaʃʃar	قشّر

41. Spices

salt	milḥ (m)	ملح
salty (adj)	māliḥ	مالح
to salt (vt)	mallaḥ	ملّح

black pepper	filfil aswad (m)	فلفل أسود
red pepper (milled ~)	filfil aḥmar (m)	فلفل أحمر
mustard	ṣalṣat al xardal (f)	صلصة الخردل
horseradish	fiʒl ḥārr (m)	فجل حارّ

condiment	tābil (m)	تابل
spice	bahār (m)	بهار
sauce	ṣalṣa (f)	صلصة
vinegar	xall (m)	خلّ

anise	yānsūn (m)	يانسون
basil	rīḥān (m)	ريحان
cloves	qurumful (m)	قرنفل
ginger	zanʒabīl (m)	زنجبيل
coriander	kuzbara (f)	كزبرة
cinnamon	qirfa (f)	قرفة

sesame	simsim (m)	سمسم
bay leaf	awrāq al ɣār (pl)	أوراق الغار
paprika	babrika (f)	بابريكا
caraway	karāwiya (f)	كراوية
saffron	za'farān (m)	زعفران

42. Meals

| food | akl (m) | أكل |
| to eat (vi, vt) | akal | أكل |

breakfast	fuṭūr (m)	فطور
to have breakfast	afṭar	أفطر
lunch	ɣadā' (m)	غداء
to have lunch	taɣadda	تغدّى

dinner	'aʃā' (m)	عشاء
to have dinner	ta'aʃʃa	تعشّى
appetite	ʃahiyya (f)	شهيّة
Enjoy your meal!	hanīʔan marīʔan!	هنيئًا مريئًا!
to open (~ a bottle)	fataḥ	فتح
to spill (liquid)	dalaq	دلق
to spill out (vi)	indalaq	إندلق
to boil (vi)	ɣala	غلى
to boil (vt)	ɣala	غلى
boiled (~ water)	maɣliy	مغلي
to chill, cool down (vt)	barrad	برّد
to chill (vi)	tabarrad	تبرّد
taste, flavor	ṭa'm (m)	طعم
aftertaste	al maðāq al 'āliq fil fam (m)	المذاق العالق فى الفم
to slim down (lose weight)	faqad al wazn	فقد الوزن
diet	ḥimya ɣaðā'iyya (f)	حمية غذائية
vitamin	vitamīn (m)	فيتامين
calorie	su'ra ḥarāriyya (f)	سعرة حراريّة
vegetarian (n)	nabātiy (m)	نباتي
vegetarian (adj)	nabātiy	نباتي
fats (nutrient)	duhūn (pl)	دهون
proteins	brutināt (pl)	بروتينات
carbohydrates	naʃawiyyāt (pl)	نشويّات
slice (of lemon, ham)	ʃarīḥa (f)	شريحة
piece (of cake, pie)	qiṭ'a (f)	قطعة
crumb (of bread, cake, etc.)	futāta (f)	فتاتة

43. Table setting

spoon	mil'aqa (f)	ملعقة
knife	sikkīn (m)	سكّين
fork	ʃawka (f)	شوكة
cup (e.g., coffee ~)	finʒān (m)	فنجان
plate (dinner ~)	ṭabaq (m)	طبق
saucer	ṭabaq finʒān (m)	طبق فنجان
napkin (on table)	mandīl (m)	منديل
toothpick	xallat asnān (f)	خلّة أسنان

44. Restaurant

restaurant	maṭ'am (m)	مطعم
coffee house	kafé (m), maqha (m)	كافيه، مقهى

pub, bar	bār (m)	بار
tearoom	ṣālun ʃāy (m)	صالون شاي
waiter	nādil (m)	نادل
waitress	nādila (f)	نادلة
bartender	bārman (m)	بارمان
menu	qā'imat aṭ ṭa'ām (f)	قائمة طعام
wine list	qā'imat al xumūr (f)	قائمة خمور
to book a table	ḥaʒaz mā'ida	حجز مائدة
course, dish	waʒba (f)	وجبة
to order (meal)	ṭalab	طلب
to make an order	ṭalab	طلب
aperitif	ʃarāb (m)	شراب
appetizer	muqabbilāt (pl)	مقبّلات
dessert	ḥalawiyyāt (pl)	حلويّات
check	ḥisāb (m)	حساب
to pay the check	dafa' al ḥisāb	دفع الحساب
to give change	a'ṭa al bāqi	أعطى الباقي
tip	baqʃīʃ (m)	بقشيش

Family, relatives and friends

45. Personal information. Forms

name (first name)	ism (m)	إسم
surname (last name)	ism al 'ā'ila (m)	إسم العائلة
date of birth	tarīx al mīlād (m)	تاريخ الميلاد
place of birth	makān al mīlād (m)	مكان الميلاد
nationality	ʒinsiyya (f)	جنسية
place of residence	maqarr al iqāma (m)	مقر الإقامة
country	balad (m)	بلد
profession (occupation)	mihna (f)	مهنة
gender, sex	ʒins (m)	جنس
height	ṭūl (m)	طول
weight	wazn (m)	وزن

46. Family members. Relatives

mother	umm (f)	أمّ
father	ab (m)	أب
son	ibn (m)	إبن
daughter	ibna (f)	إبنة
younger daughter	al ibna aṣ ṣaɣīra (f)	الإبنة الصغيرة
younger son	al ibn aṣ ṣaɣīr (m)	الابن الصغير
eldest daughter	al ibna al kabīra (f)	الإبنة الكبيرة
eldest son	al ibn al kabīr (m)	الإبن الكبير
brother	ax (m)	أخ
elder brother	al ax al kabīr (m)	الأخ الكبير
younger brother	al ax aṣ ṣaɣīr (m)	الأخ الصغير
sister	uxt (f)	أخت
elder sister	al uxt al kabīra (f)	الأخت الكبيرة
younger sister	al uxt aṣ ṣaɣīra (f)	الأخت الصغيرة
cousin (masc.)	ibn 'amm (m), ibn xāl (m)	إبن عمّ، إبن خال
cousin (fem.)	ibnat 'amm (f), ibnat xāl (f)	إبنة عم، إبنة خال
mom, mommy	mama (f)	ماما
dad, daddy	baba (m)	بابا
parents	wālidān (du)	والدان
child	ṭifl (m)	طفل
children	aṭfāl (pl)	أطفال

grandmother	ʒidda (f)	جدّة
grandfather	ʒadd (m)	جدّ
grandson	ḥafid (m)	حفيد
granddaughter	ḥafīda (f)	حفيدة
grandchildren	aḥfād (pl)	أحفاد
uncle	ʻamm (m), χāl (m)	عمّ، خال
aunt	ʻamma (f), χāla (f)	عمّة، خالة
nephew	ibn al aχ (m), ibn al uχt (m)	إبن الأخ، إبن الأخت
niece	ibnat al aχ (f), ibnat al uχt (f)	إبنة الأخ، إبنة الأخت
mother-in-law (wife's mother)	ḥamātt (f)	حماة
father-in-law (husband's father)	ḥamm (m)	حم
son-in-law (daughter's husband)	zawʒ al ibna (m)	زوج الأبنة
stepmother	zawʒat al ab (f)	زوجة الأب
stepfather	zawʒ al umm (m)	زوج الأمّ
infant	ṭifl raḍīʻ (m)	طفل رضيع
baby (infant)	mawlūd (m)	مولود
little boy, kid	walad ṣaγīr (m)	ولد صغير
wife	zawʒa (f)	زوجة
husband	zawʒ (m)	زوج
spouse (husband)	zawʒ (m)	زوج
spouse (wife)	zawʒa (f)	زوجة
married (masc.)	mutazawwiʒ	متزوّج
married (fem.)	mutazawwiʒa	متزوّجة
single (unmarried)	aʻzab	أعزب
bachelor	aʻzab (m)	أعزب
divorced (masc.)	muṭallaq (m)	مطلق
widow	armala (f)	أرملة
widower	armal (m)	أرمل
relative	qarīb (m)	قريب
close relative	nasīb qarīb (m)	نسيب قريب
distant relative	nasīb baʻīd (m)	نسيب بعيد
relatives	aqārib (pl)	أقارب
orphan (boy or girl)	yatīm (m)	يتيم
guardian (of a minor)	waliyy amr (m)	وليّ أمر
to adopt (a boy)	tabanna	تبنّى
to adopt (a girl)	tabanna	تبنّى

Medicine

47. Diseases

sickness	maraḍ (m)	مرض
to be sick	maraḍ	مرض
health	ṣiḥḥa (f)	صِحَّة
runny nose (coryza)	zukām (m)	زكام
tonsillitis	iltihāb al lawzatayn (m)	التهاب اللوزتين
cold (illness)	bard (m)	برد
to catch a cold	aṣābahu al bard	أصابه البرد
bronchitis	iltihāb al qaṣabāt (m)	إلتهاب القصبات
pneumonia	iltihāb ar ri'atayn (m)	إلتهاب الرئتين
flu, influenza	inflūnza (f)	إنفلونزا
nearsighted (adj)	qaṣīr an naẓar	قصير النظر
farsighted (adj)	ba'īd an naẓar	بعيد النظر
strabismus (crossed eyes)	ḥawal (m)	حول
cross-eyed (adj)	aḥwal	أحول
cataract	katarakt (f)	كاتاراكت
glaucoma	glawkūma (f)	جلوكوما
stroke	sakta (f)	سكتة
heart attack	iḥtifā' (m)	إحتشاء
myocardial infarction	nawba qalbiya (f)	نوبة قلبية
paralysis	ʃalal (m)	شلل
to paralyze (vt)	ʃall	شلَّ
allergy	ḥassāsiyya (f)	حسّاسيّة
asthma	rabw (m)	ربو
diabetes	ad dā' as sukkariy (m)	الداء السكّريّ
toothache	alam al asnān (m)	ألم الأسنان
caries	naxar al asnān (m)	نخر الأسنان
diarrhea	ishāl (m)	إسهال
constipation	imsāk (m)	إمساك
stomach upset	'usr al haḍm (m)	عسر الهضم
food poisoning	tasammum (m)	تسمّم
to get food poisoning	tasammam	تسمّم
arthritis	iltihāb al mafāṣil (m)	إلتهاب المفاصل
rickets	kusāḥ al aṭfāl (m)	كساح الأطفال
rheumatism	riumatizm (m)	روماتزم

atherosclerosis	taṣṣallub aʃ ʃarayīn (m)	تصلّب الشرايين
gastritis	iltihāb al maʻida (m)	إلتهاب المعدة
appendicitis	iltihāb az zā'ida ad dūdiyya (m)	إلتهاب الزائدة الدوديّة
cholecystitis	iltihāb al marāra (m)	إلتهاب المرارة
ulcer	qurḥa (f)	قرحة
measles	maraḍ al ḥaṣba (m)	مرض الحصبة
rubella (German measles)	ḥaṣba almāniyya (f)	حصبة ألمانية
jaundice	yaraqān (m)	يرقان
hepatitis	iltihāb al kabd al vayrūsiy (m)	إلتهاب الكبد الفيروسيّ
schizophrenia	ʃizufrīniya (f)	شيزوفرينيا
rabies (hydrophobia)	dā' al kalb (m)	داء الكلب
neurosis	ʻiṣāb (m)	عصاب
concussion	irtiʒāʒ al muxx (m)	إرتجاج المخ
cancer	saraṭān (m)	سرطان
sclerosis	taṣṣallub (m)	تصلّب
multiple sclerosis	taṣṣallub mutaʻaddid (m)	تصلّب متعدد
alcoholism	idmān al xamr (m)	إدمان الخمر
alcoholic (n)	mudmin al xamr (m)	مدمن الخمر
syphilis	sifilis az zuhariy (m)	سفلس الزهري
AIDS	al aydz (m)	الايدز
tumor	waram (m)	ورم
malignant (adj)	xabīθ	خبيث
benign (adj)	ḥamīd (m)	حميد
fever	ḥumma (f)	حمّى
malaria	malāriya (f)	ملاريا
gangrene	ɣanɣrīna (f)	غنغرينا
seasickness	duwār al baḥr (m)	دوار البحر
epilepsy	maraḍ aṣ ṣarʻ (m)	مرض الصرع
epidemic	wabā' (m)	وباء
typhus	tīfus (m)	تيفوس
tuberculosis	maraḍ as sull (m)	مرض السلّ
cholera	kulīra (f)	كوليرا
plague (bubonic ~)	ṭāʻūn (m)	طاعون

48. Symptoms. Treatments. Part 1

symptom	ʻaraḍ (m)	عرض
temperature	ḥarāra (f)	حرارة
high temperature (fever)	ḥumma (f)	حمّى
pulse	nabḍ (m)	نبض
dizziness (vertigo)	dawxa (f)	دوخة

hot (adj)	ḥārr	حار
shivering	nafaḍān (m)	نفضان
pale (e.g., ~ face)	aṣfar	أصفر

cough	su'āl (m)	سعال
to cough (vi)	sa'al	سعل
to sneeze (vi)	'aṭas	عطس
faint	iɣmā' (m)	إغماء
to faint (vi)	ɣumiya 'alayh	غمي عليه

bruise (hématome)	kadma (f)	كدمة
bump (lump)	tawarrum (m)	تورّم
to bang (bump)	iṣṭadam	إصطدم
contusion (bruise)	raḍḍ (m)	رضّ
to get a bruise	taraḍḍaḍ	ترضّض

to limp (vi)	'araʒ	عرج
dislocation	χal' (m)	خلع
to dislocate (vt)	χala'	خلع
fracture	kasr (m)	كسر
to have a fracture	inkasar	إنكسر

cut (e.g., paper ~)	ʒurḥ (m)	جرح
to cut oneself	ʒaraḥ nafsah	جرح نفسه
bleeding	nazf (m)	نزف

| burn (injury) | ḥarq (m) | حرق |
| to get burned | taʃayyaṭ | تشيط |

to prick (vt)	waχaz	وخز
to prick oneself	waχaz nafsah	وخز نفسه
to injure (vt)	aṣāb	أصاب
injury	iṣāba (f)	إصابة
wound	ʒurḥ (m)	جرح
trauma	ṣadma (f)	صدمة

to be delirious	haða	هذى
to stutter (vi)	tala'sam	تلعثم
sunstroke	ḍarbat ʃams (f)	ضربة شمس

49. Symptoms. Treatments. Part 2

| pain, ache | alam (m) | ألم |
| splinter (in foot, etc.) | ʃaẓiyya (f) | شظيّة |

sweat (perspiration)	'irq (m)	عرق
to sweat (perspire)	'ariq	عرق
vomiting	taqayyu' (m)	تقيؤ
convulsions	taʃannuʒāt (pl)	تشنّجات
pregnant (adj)	ḥāmil	حامل

to be born	wulid	وُلد
delivery, labor	wilāda (f)	ولادة
to deliver (~ a baby)	walad	ولد
abortion	iʒhāḍ (m)	إجهاض

breathing, respiration	tanaffus (m)	تنفّس
in-breath (inhalation)	istinʃāq (m)	إستنشاق
out-breath (exhalation)	zafīr (m)	زفير
to exhale (breathe out)	zafar	زفر
to inhale (vi)	istanʃaq	إستنشق

disabled person	muʿāq (m)	معاق
cripple	muqʿad (m)	مقعد
drug addict	mudmin muxaddirāt (m)	مدمن مخدّرات

deaf (adj)	aṭraʃ	أطرش
mute (adj)	axras	أخرس
deaf mute (adj)	aṭraʃ axras	أطرش أخرس

mad, insane (adj)	maʒnūn (m)	مجنون
madman (demented person)	maʒnūn (m)	مجنون
madwoman	maʒnūna (f)	مجنونة
to go insane	ʒunn	جُنّ

gene	ʒīn (m)	جين
immunity	manāʿa (f)	مناعة
hereditary (adj)	wirāθiy	وراثيّ
congenital (adj)	xilqiy munð al wilāda	خلقيّ منذ الولادة

virus	virūs (m)	فيروس
microbe	mikrūb (m)	ميكروب
bacterium	ʒurθūma (f)	جرثومة
infection	ʿadwa (f)	عدوى

50. Symptoms. Treatments. Part 3

| hospital | mustaʃfa (m) | مستشفى |
| patient | marīḍ (m) | مريض |

diagnosis	taʃxīṣ (m)	تشخيص
cure	ʿilāʒ (m)	علاج
medical treatment	ʿilāʒ (m)	علاج
to get treatment	taʿālaʒ	تعالج
to treat (~ a patient)	ʿālaʒ	عالج
to nurse (look after)	marraḍ	مرّض
care (nursing ~)	ʿināya (f)	عناية

| operation, surgery | ʿamaliyya ʒaraḥiyya (f) | عمليّة جرحيّة |
| to bandage (head, limb) | ḍammad | ضمّد |

bandaging	taḍmīd (m)	تضميد
vaccination	talqīḥ (m)	تلقيح
to vaccinate (vt)	laqqaḥ	لقّح
injection, shot	ḥuqna (f)	حقنة
to give an injection	ḥaqan ibra	حقن إبرة
attack	nawba (f)	نوبة
amputation	batr (m)	بتر
to amputate (vt)	batar	بتر
coma	ɣaybūba (f)	غيبوبة
to be in a coma	kān fi ḥālat ɣaybūba	كان في حالة غيبوبة
intensive care	al 'ināya al murakkaza (f)	العناية المركّزة
to recover (~ from flu)	ʃufiy	شفي
condition (patient's ~)	ḥāla (f)	حالة
consciousness	wa'y (m)	وعي
memory (faculty)	ðākira (f)	ذاكرة
to pull out (tooth)	xala'	خلع
filling	haʃw (m)	حشو
to fill (a tooth)	haʃa	حشا
hypnosis	at tanwīm al maɣnaṭīsiy (m)	التنويم المغناطيسيّ
to hypnotize (vt)	nawwam	نوّم

51. Doctors

doctor	ṭabīb (m)	طبيب
nurse	mumarriḍa (f)	ممرّضة
personal doctor	duktūr ʃaxṣiy (m)	دكتور شخصيّ
dentist	ṭabīb al asnān (m)	طبيب الأسنان
eye doctor	ṭabīb al 'uyūn (m)	طبيب العيون
internist	ṭabīb bāṭiniy (m)	طبيب باطنيّ
surgeon	ʒarrāḥ (m)	جرّاح
psychiatrist	ṭabīb nafsiy (m)	طبيب نفسيّ
pediatrician	ṭabīb al aṭfāl (m)	طبيب الأطفال
psychologist	sikulūʒiy (m)	سيكولوجيّ
gynecologist	ṭabīb an nisā' (m)	طبيب النساء
cardiologist	ṭabīb al qalb (m)	طبيب القلب

52. Medicine. Drugs. Accessories

medicine, drug	dawā' (m)	دواء
remedy	'ilāʒ (m)	علاج
to prescribe (vt)	waṣaf	وصف
prescription	waṣfa (f)	وصفة

tablet, pill	quṛṣ (m)	قرص
ointment	marham (m)	مرهم
ampule	ambūla (f)	أمبولة
mixture	dawā' ʃarāb (m)	دواء شراب
syrup	ʃarāb (m)	شراب
pill	ḥabba (f)	حبّة
powder	ðarūr (m)	ذرور
gauze bandage	ḍammāda (f)	ضمادة
cotton wool	quṭn (m)	قطن
iodine	yūd (m)	يود
Band-Aid	blāstir (m)	بلاستر
eyedropper	māṣṣat al bastara (f)	ماصّة البسترة
thermometer	tirmūmitr (m)	ترمومتر
syringe	miḥqana (f)	محقنة
wheelchair	kursiy mutaḥarrik (m)	كرسي متحرّك
crutches	ʻukkāzān (du)	عكّازان
painkiller	musakkin (m)	مسكّن
laxative	mulayyin (m)	ملّين
spirits (ethanol)	iθanūl (m)	إيثانول
medicinal herbs	aʻʃāb ṭibbiyya (pl)	أعشاب طبية
herbal (~ tea)	ʻuʃbiy	عشبيّ

HUMAN HABITAT

City

53. City. Life in the city

city, town	madīna (f)	مدينة
capital city	'āṣima (f)	عاصمة
village	qarya (f)	قرية
city map	xarīṭat al madīna (f)	خريطة المدينة
downtown	markaz al madīna (m)	مركز المدينة
suburb	ḍāḥiya (f)	ضاحية
suburban (adj)	aḍ ḍawāḥi	الضواحي
outskirts	aṭrāf al madīna (pl)	أطراف المدينة
environs (suburbs)	ḍawāḥi al madīna (pl)	ضواحي المدينة
city block	ḥayy (m)	حي
residential block (area)	ḥayy sakaniy (m)	حي سكني
traffic	ḥarakat al murūr (f)	حركة المرور
traffic lights	iʃārāt al murūr (pl)	إشارات المرور
public transportation	wasā'il an naql (pl)	وسائل النقل
intersection	taqāṭuʻ (m)	تقاطع
crosswalk	maʻbar al muʃāt (m)	معبر المشاة
pedestrian underpass	nafaq muʃāt (m)	نفق مشاة
to cross (~ the street)	ʻabar	عبر
pedestrian	māʃi (m)	ماش
sidewalk	raṣīf (m)	رصيف
bridge	ʒisr (m)	جسر
embankment (river walk)	kurnīʃ (m)	كورنيش
fountain	nāfūra (f)	نافورة
allée (garden walkway)	mamʃa (m)	ممشى
park	ḥadīqa (f)	حديقة
boulevard	bulvār (m)	بولفار
square	maydān (m)	ميدان
avenue (wide street)	ʃāriʻ (m)	شارع
street	ʃāriʻ (m)	شارع
side street	zuqāq (m)	زقاق
dead end	ṭarīq masdūd (m)	طريق مسدود
house	bayt (m)	بيت
building	mabna (m)	مبنى

skyscraper	nāṭiḥat sahāb (f)	ناطحة سحاب
facade	wāʒiha (f)	واجهة
roof	saqf (m)	سقف
window	ʃubbāk (m)	شبّاك
arch	qaws (m)	قوس
column	ʻamūd (m)	عمود
corner	zāwiya (f)	زاوية
store window	vatrīna (f)	فترينة
signboard (store sign, etc.)	lāfita (f)	لافتة
poster	mulṣaq (m)	ملصق
advertising poster	mulṣaq iʻlāniy (m)	ملصق إعلاني
billboard	lawḥat iʻlānāt (f)	لوحة إعلانات
garbage, trash	zubāla (f)	زبالة
trashcan (public ~)	ṣundūq zubāla (m)	صندوق زبالة
to litter (vi)	rama zubāla	رمى زبالة
garbage dump	mazbala (f)	مزبلة
phone booth	kuʃk tilifūn (m)	كشك تليفون
lamppost	ʻamūd al miṣbāḥ (m)	عمود المصباح
bench (park ~)	dikka (f), kursiy (m)	دكّة, كرسي
police officer	ʃurṭiy (m)	شرطيّ
police	ʃurṭa (f)	شرطة
beggar	ʃaḥḥāð (m)	شحّاذ
homeless (n)	mutaʃarrid (m)	متشرّد

54. Urban institutions

store	maḥall (m)	محلّ
drugstore, pharmacy	ṣaydaliyya (f)	صيدليّة
eyeglass store	al adawāt al baṣariyya (pl)	الأدوات البصريّة
shopping mall	markaz tiʒāriy (m)	مركز تجاري
supermarket	subirmarkit (m)	سوبرماركت
bakery	maxbaz (m)	مخبز
baker	xabbāz (m)	خبّاز
pastry shop	dukkān ḥalawāniy (m)	دكّان حلواني
grocery store	baqqāla (f)	بقّالة
butcher shop	malḥama (f)	ملحمة
produce store	dukkān xuḍār (m)	دكّان خضار
market	sūq (f)	سوق
coffee house	kafé (m), maqha (m)	كافيه, مقهى
restaurant	maṭʻam (m)	مطعم
pub, bar	ḥāna (f)	حانة
pizzeria	maṭʻam pizza (m)	مطعم بيتزا
hair salon	ṣālūn ḥilāqa (m)	صالون حلاقة

post office	maktab al barīd (m)	مكتب البريد
dry cleaners	tanẓīf ʒāff (m)	تنظيف جاف
photo studio	istūdiyu taṣwīr (m)	إستوديو تصوير
shoe store	maḥall aḥðiya (m)	محلّ أحذية
bookstore	maḥall kutub (m)	محلّ كتب
sporting goods store	maḥall riyāḍiy (m)	محلّ رياضيّ
clothes repair shop	maḥall xiyāṭat malābis (m)	محلّ خياطة ملابس
formal wear rental	maḥall taʾʒīr malābis rasmiyya (m)	محلّ تأجير ملابس رسمية
video rental store	maḥal taʾʒīr vidiyu (m)	محلّ تأجير فيديو
circus	sirk (m)	سيرك
zoo	ḥadīqat al ḥayawān (f)	حديقة حيوان
movie theater	sinima (f)	سينما
museum	matḥaf (m)	متحف
library	maktaba (f)	مكتبة
theater	masraḥ (m)	مسرح
opera (opera house)	ubra (f)	أوبرا
nightclub	malha layliy (m)	ملهى ليليّ
casino	kazinu (m)	كازينو
mosque	masʒid (m)	مسجد
synagogue	kanīs maʿbad yahūdiy (m)	كنيس معبد يهوديّ
cathedral	katidrāʾiyya (f)	كاتدرائيّة
temple	maʿbad (m)	معبد
church	kanīsa (f)	كنيسة
college	kulliyya (m)	كليّة
university	ʒāmiʿa (f)	جامعة
school	madrasa (f)	مدرسة
prefecture	muqāṭaʿa (f)	مقاطعة
city hall	baladiyya (f)	بلديّة
hotel	funduq (m)	فندق
bank	bank (m)	بنك
embassy	safāra (f)	سفارة
travel agency	ʃarikat siyāḥa (f)	شركة سياحة
information office	maktab al istiʿlāmāt (m)	مكتب الإستعلامات
currency exchange	ṣarrāfa (f)	صرّافة
subway	mitru (m)	مترو
hospital	mustaʃfa (m)	مستشفى
gas station	maḥaṭṭat banzīn (f)	محطّة بنزين
parking lot	mawqif as sayyārāt (m)	موقف السيّارات

55. Signs

signboard (store sign, etc.)	lāfita (f)	لافتة
notice (door sign, etc.)	bayān (m)	بيان
poster	mulṣaq i'lāniy (m)	ملصق إعلاني
direction sign	'alāmat ittiȝāh (f)	علامة إتجاه
arrow (sign)	'alāmat iʃāra (f)	علامة إشارة
caution	taḥδīr (m)	تحذير
warning sign	lāfitat taḥδīr (f)	لافتة تحذير
to warn (vt)	ḥaδδar	حذّر
rest day (weekly ~)	yawm 'uṭla (m)	يوم عطلة
timetable (schedule)	ȝadwal (m)	جدول
opening hours	awqāt al 'amal (pl)	أوقات العمل
WELCOME!	ahlan wa sahlan!	أهلًا وسهلًا
ENTRANCE	duχūl	دخول
EXIT	χurūȝ	خروج
PUSH	idfa'	إدفع
PULL	isḥab	إسحب
OPEN	maftūḥ	مفتوح
CLOSED	muɣlaq	مغلق
WOMEN	lis sayyidāt	للسيدات
MEN	lir riȝāl	للرجال
DISCOUNTS	χaṣm	خصم
SALE	taχfīḍāt	تخفيضات
NEW!	ȝadīd!	جديد!
FREE	maȝȝānan	مجّانًا
ATTENTION!	intibāh!	إنتباه!
NO VACANCIES	kull al amākin maḥȝūza	كل الأماكن محجوزة
RESERVED	maḥȝūz	محجوز
ADMINISTRATION	idāra	إدارة
STAFF ONLY	lil 'āmilīn faqaṭ	للعاملين فقط
BEWARE OF THE DOG!	iḥδar wuȝūd al kalb	إحذر وجود الكلب
NO SMOKING	mamnū' at tadχīn	ممنوع التدخين
DO NOT TOUCH!	'adam al lams	عدم اللمس
DANGEROUS	χaṭīr	خطير
DANGER	χaṭar	خطر
HIGH VOLTAGE	tayyār 'āli	تيّار عالي
NO SWIMMING!	as sibāḥa mamnū'a	السباحة ممنوعة
OUT OF ORDER	mu'aṭṭal	معطّل
FLAMMABLE	sarī' al iʃti'āl	سريع الإشتعال
FORBIDDEN	mamnū'	ممنوع

| NO TRESPASSING! | mamnūʻ al murūr | ممنوع المرور |
| WET PAINT | iḥðar ṭilāʼ ɣayr ʒāff | إحذر طلاء غير جاف |

56. Urban transportation

bus	bāṣ (m)	باص
streetcar	trām (m)	ترام
trolley bus	truli bāṣ (m)	ترولي باص
route (of bus, etc.)	χaṭṭ (m)	خط
number (e.g., bus ~)	raqm (m)	رقم

to go by ...	rakib ...	ركب...
to get on (~ the bus)	rakib	ركب
to get off ...	nazil min	نزل من

stop (e.g., bus ~)	mawqif (m)	موقف
next stop	al maḥaṭṭa al qādima (f)	المحطة القادمة
terminus	āχir maḥaṭṭa (f)	آخر محطة
schedule	ʒadwal (m)	جدول
to wait (vt)	intaẓar	إنتظر

ticket	taðkira (f)	تذكرة
fare	uʒra (f)	أجرة
cashier (ticket seller)	ṣarrāf (m)	صرّاف
ticket inspection	taftīʃ taðkira (m)	تفتيش تذكرة
ticket inspector	mufattiʃ taðākir (m)	مفتّش تذاكر

to be late (for ...)	taʼaχχar	تأخّر
to miss (~ the train, etc.)	taʼaχχar	تأخّر
to be in a hurry	istaʻʒal	إستعجل

taxi, cab	taksi (m)	تاكسي
taxi driver	sāʼiq taksi (m)	سائق تاكسي
by taxi	bit taksi	بالتاكسي
taxi stand	mawqif taksi (m)	موقف تاكسي
to call a taxi	kallam tāksi	كلّم تاكسي
to take a taxi	aχað taksi	أخذ تاكسي

traffic	ḥarakat al murūr (f)	حركة المرور
traffic jam	zaḥmat al murūr (f)	زحمة المرور
rush hour	sāʻat að ðurwa (f)	ساعة الذروة
to park (vi)	awqaf	أوقف
to park (vt)	awqaf	أوقف
parking lot	mawqif as sayyārāt (m)	موقف السيارات

subway	mitru (m)	مترو
station	maḥaṭṭa (f)	محطة
to take the subway	rakib al mitru	ركب المترو
train	qiṭār (m)	قطار
train station	maḥaṭṭat qiṭār (f)	محطة قطار

57. Sightseeing

monument	timθāl (m)	تمثال
fortress	qalʻa (f), ḥiṣn (m)	قلعة, حصن
palace	qaṣr (m)	قصر
castle	qalʻa (f)	قلعة
tower	burӡ (m)	برج
mausoleum	ḍarīḥ (m)	ضريح
architecture	handasa miʻmāriyya (f)	هندسة معماريّة
medieval (adj)	min al qurūn al wusṭa	من القرون الوسطى
ancient (adj)	qadīm	قديم
national (adj)	waṭaniy	وطنيّ
famous (monument, etc.)	maʃhūr	مشهور
tourist	sāʼiḥ (m)	سائح
guide (person)	murʃid (m)	مرشد
excursion, sightseeing tour	ӡawla (f)	جولة
to show (vt)	ʻaraḍ	عرض
to tell (vt)	ḥaddaθ	حدّث
to find (vt)	waӡad	وجد
to get lost (lose one's way)	ḍāʻ	ضاع
map (e.g., subway ~)	xarīṭa (f)	خريطة
map (e.g., city ~)	xarīṭa (f)	خريطة
souvenir, gift	tiðkār (m)	تذكار
gift shop	maḥall hadāya (m)	محلّ هدايا
to take pictures	ṣawwar	صوّر
to have one's picture taken	taṣawwar	تصوّر

58. Shopping

to buy (purchase)	iʃtara	إشترى
purchase	ʃayʼ (m)	شيء
to go shopping	iʃtara	إشترى
shopping	ʃubinɣ (m)	شوبينغ
to be open (ab. store)	maftūḥ	مفتوح
to be closed	muɣlaq	مغلق
footwear, shoes	aḥðiya (pl)	أحذية
clothes, clothing	malābis (pl)	ملابس
cosmetics	mawādd at taӡmīl (pl)	موادّ التجميل
food products	maʼkūlāt (pl)	مأكولات
gift, present	hadiyya (f)	هديّة
salesman	bāʼiʻ (m)	بائع
saleswoman	bāʼiʻa (f)	بائعة

check out, cash desk	ṣundū' ad daf' (m)	صندوق الدفع
mirror	mir'āt (f)	مرآة
counter (store ~)	minḍada (f)	منضدة
fitting room	ɣurfat al qiyās (f)	غرفة القياس
to try on	ʒarrab	جرّب
to fit (ab. dress, etc.)	nāsab	ناسب
to like (I like …)	a'ʒab	أعجب
price	si'r (m)	سعر
price tag	tikit as si'r (m)	تيكت السعر
to cost (vt)	kallaf	كلّف
How much?	bikam?	بكم؟
discount	χaṣm (m)	خصم
inexpensive (adj)	ɣayr ɣāli	غير غال
cheap (adj)	raχīṣ	رخيص
expensive (adj)	ɣāli	غال
It's expensive	haða ɣāli	هذا غال
rental (n)	isti'ʒār (m)	إستئجار
to rent (~ a tuxedo)	ista'ʒar	إستأجر
credit (trade credit)	i'timān (m)	إئتمان
on credit (adv)	bid dayn	بالدين

59. Money

money	nuqūd (pl)	نقود
currency exchange	taḥwīl 'umla (m)	تحويل عملة
exchange rate	si'r aṣ ṣarf (m)	سعر الصرف
ATM	ṣarrāf 'āliy (m)	صرّاف آليّ
coin	qiṭ'a naqdiyya (f)	قطعة نقديّة
dollar	dulār (m)	دولار
euro	yuru (m)	يورو
lira	lira iṭāliyya (f)	ليرة إيطالية
Deutschmark	mark almāniy (m)	مارك ألماني
franc	frank (m)	فرنك
pound sterling	ʒunayh istirlīniy (m)	جنيه استرلينيّ
yen	yīn (m)	ين
debt	dayn (m)	دين
debtor	mudīn (m)	مدين
to lend (money)	sallaf	سلّف
to borrow (vi, vt)	istalaf	إستلف
bank	bank (m)	بنك
account	ḥisāb (m)	حساب
to deposit (vt)	awda'	أودع

to deposit into the account	awda' fil ḥisāb	أودع في الحساب
to withdraw (vt)	saḥab min al ḥisāb	سحب من الحساب
credit card	biṭāqat i'timān (f)	بطاقة إئتمان
cash	nuqūd (pl)	نقود
check	ʃīk (m)	شيك
to write a check	katab ʃīk	كتب شيكًا
checkbook	daftar ʃīkāt (m)	دفتر شيكات
wallet	maḥfaẓat ʒīb (f)	محفظة جيب
change purse	maḥfaẓat fakka (f)	محفظة فكّة
safe	χizāna (f)	خزانة
heir	wāris (m)	وارث
inheritance	wirāθa (f)	وراثة
fortune (wealth)	θarwa (f)	ثروة
lease	'īʒār (m)	إيجار
rent (money)	uʒrat as sakan (f)	أجرة السكن
to rent (sth from sb)	ista'ʒar	إستأجر
price	si'r (m)	سعر
cost	θaman (m)	ثمن
sum	mablaɣ (m)	مبلغ
to spend (vt)	ṣaraf	صرف
expenses	maṣārīf (pl)	مصاريف
to economize (vi, vt)	waffar	وفّر
economical	muwaffir	موفّر
to pay (vi, vt)	dafa'	دفع
payment	daf' (m)	دفع
change (give the ~)	al bāqi (m)	الباقي
tax	ḍarība (f)	ضريبة
fine	ɣarāma (f)	غرامة
to fine (vt)	faraḍ ɣarāma	فرض غرامة

60. Post. Postal service

post office	maktab al barīd (m)	مكتب البريد
mail (letters, etc.)	al barīd (m)	البريد
mailman	sā'i al barīd (m)	ساعي البريد
opening hours	awqāt al 'amal (pl)	أوقات العمل
letter	risāla (f)	رسالة
registered letter	risāla musaʒʒala (f)	رسالة مسجّلة
postcard	biṭāqa barīdiyya (f)	بطاقة بريديّة
telegram	barqiyya (f)	برقيّة
package (parcel)	ṭard (m)	طرد

money transfer	ḥawāla māliyya (f)	حوالة ماليّة
to receive (vt)	istalam	إستلم
to send (vt)	arsal	أرسل
sending	irsāl (m)	إرسال
address	'unwān (m)	عنوان
ZIP code	raqm al barīd (m)	رقم البريد
sender	mursil (m)	مرسل
receiver	mursal ilayh (m)	مرسل إليه
name (first name)	ism (m)	إسم
surname (last name)	ism al 'ā'ila (m)	إسم العائلة
postage rate	ta'rīfa (f)	تعريفة
standard (adj)	'ādiy	عاديّ
economical (adj)	muwaffir	موفّر
weight	wazn (m)	وزن
to weigh (~ letters)	wazan	وزن
envelope	ẓarf (m)	ظرف
postage stamp	ṭābi' (m)	طابع
to stamp an envelope	alṣaq ṭābi'	ألصق طابعا

Dwelling. House. Home

61. House. Electricity

electricity	kahrabā' (m)	كهرباء
light bulb	lamba (f)	لمبة
switch	miftāḥ (m)	مفتاح
fuse (plug fuse)	fāṣima (f)	فاصمة
cable, wire (electric ~)	silk (m)	سلك
wiring	aslāk (pl)	أسلاك
electricity meter	'addād (m)	عدّاد
readings	qirā'a (f)	قراءة

62. Villa. Mansion

country house	bayt rīfiy (m)	بيت ريفيّ
villa (seaside ~)	villa (f)	فيلا
wing (~ of a building)	ʒanāḥ (m)	جناح
garden	ḥadīqa (f)	حديقة
park	ḥadīqa (f)	حديقة
tropical greenhouse	dafī'a (f)	دفيئة
to look after (garden, etc.)	ihtamm	إهتمّ
swimming pool	masbaḥ (m)	مسبح
gym (home gym)	qā'at at tamrīnāt (f)	قاعة التمرينات
tennis court	mal'ab tinis (m)	ملعب تنس
home theater (room)	sinima manziliyya (f)	سينما منزليّة
garage	qarāʒ (m)	جراج
private property	milkiyya xāṣṣa (f)	ملكيّة خاصّة
private land	arḍ xāṣṣa (m)	أرض خاصّة
warning (caution)	taḥðīr (m)	تحذير
warning sign	lāfitat taḥðīr (f)	لافتة تحذير
security	ḥirāsa (f)	حراسة
security guard	ḥāris amn (m)	حارس أمن
burglar alarm	ʒihāð inðār (m)	جهاز انذار

63. Apartment

apartment	ʃaqqa (f)	شقّة
room	ɣurfa (f)	غرفة
bedroom	ɣurfat an nawm (f)	غرفة النوم
dining room	ɣurfat il akl (f)	غرفة الأكل
living room	ṣālat al istiqbāl (f)	صالة الإستقبال
study (home office)	maktab (m)	مكتب
entry room	madχal (m)	مدخل
bathroom (room with a bath or shower)	ḥammām (m)	حمّام
half bath	ḥammām (m)	حمّام
ceiling	saqf (m)	سقف
floor	arḍ (f)	أرض
corner	zāwiya (f)	زاوية

64. Furniture. Interior

furniture	aθāθ (m)	أثاث
table	maktab (m)	مكتب
chair	kursiy (m)	كرسيّ
bed	sarīr (m)	سرير
couch, sofa	kanaba (f)	كنبة
armchair	kursiy (m)	كرسيّ
bookcase	χizānat kutub (f)	خزانة كتب
shelf	raff (m)	رفّ
wardrobe	dūlāb (m)	دولاب
coat rack (wall-mounted ~)	ʃammāʿa (f)	شمّاعة
coat stand	ʃammāʿa (f)	شمّاعة
bureau, dresser	dulāb adrāʒ (m)	دولاب أدراج
coffee table	ṭāwilat al qahwa (f)	طاولة القهوة
mirror	mirʾāt (f)	مرآة
carpet	siʒāda (f)	سجادة
rug, small carpet	siʒāda (f)	سجادة
fireplace	midfaʾa ḥāʾiṭiyya (f)	مدفأة حائطيّة
candle	ʃamʿa (f)	شمعة
candlestick	ʃamʿadān (m)	شمعدان
drapes	satāʾir (pl)	ستائر
wallpaper	waraq ḥīṭān (m)	ورق حيطان
blinds (jalousie)	haṣīrat ʃubbāk (f)	حصيرة شبّاك
table lamp	miṣbāḥ aṭ ṭāwila (m)	مصباح الطاولة

wall lamp (sconce)	miṣbāḥ al ḥā'iṭ (f)	مصباح الحائط
floor lamp	miṣbāḥ arḍiy (m)	مصباح أرضيّ
chandelier	naʒafa (f)	نجفة
leg (of chair, table)	riʒl (f)	رجل
armrest	masnad (m)	مسند
back (backrest)	masnad (m)	مسند
drawer	durʒ (m)	درج

65. Bedding

bedclothes	bayāḍāt as sarīr (pl)	بياضات السرير
pillow	wisāda (f)	وسادة
pillowcase	kīs al wisāda (m)	كيس الوسادة
duvet, comforter	baṭṭāniyya (f)	بطّانية
sheet	milāya (f)	ملاية
bedspread	ɣiṭā' as sarīr (m)	غطاء السرير

66. Kitchen

kitchen	maṭbax (m)	مطبخ
gas	ɣāz (m)	غاز
gas stove (range)	butuɣāz (m)	بوتوغاز
electric stove	furn kaharabā'iy (m)	فرن كهربائيّ
oven	furn (m)	فرن
microwave oven	furn al mikruwayv (m)	فرن الميكروويف
refrigerator	θallāʒa (f)	ثلاجة
freezer	frīzir (m)	فريزر
dishwasher	ɣassāla (f)	غسّالة
meat grinder	farrāmat laḥm (f)	فرّامة لحم
juicer	'aṣṣāra (f)	عصّارة
toaster	maḥmaṣat xubz (f)	محمصة خبز
mixer	xallāṭ (m)	خلّاط
coffee machine	mākinat ṣan' al qahwa (f)	ماكينة صنع القهوة
coffee pot	kanaka (f)	كنكة
coffee grinder	maṭḥanat qahwa (f)	مطحنة قهوة
kettle	barrād (m)	برّاد
teapot	barrād aʃ ʃāy (m)	برّاد الشاي
lid	ɣiṭā' (m)	غطاء
tea strainer	miṣfāt (f)	مصفاة
spoon	mil'aqa (f)	ملعقة
teaspoon	mil'aqat ʃāy (f)	ملعقة شاي
soup spoon	mil'aqa kabīra (f)	ملعقة كبيرة

fork	ʃawka (f)	شوكة
knife	sikkīn (m)	سكّين
tableware (dishes)	ṣuḥūn (pl)	صحون
plate (dinner ~)	ṭabaq (m)	طبق
saucer	ṭabaq finʒān (m)	طبق فنجان
shot glass	ka's (f)	كأس
glass (tumbler)	kubbāya (f)	كبّاية
cup	finʒān (m)	فنجان
sugar bowl	sukkariyya (f)	سكّرية
salt shaker	mamlaḥa (f)	مملحة
pepper shaker	mabhara (f)	مبهرة
butter dish	ṣuḥn zubda (m)	صحن زبدة
stock pot (soup pot)	kassirūlla (f)	كاسرولة
frying pan (skillet)	ṭāsa (f)	طاسة
ladle	miɣrafa (f)	مغرفة
colander	miṣfāt (f)	مصفاة
tray (serving ~)	ṣīniyya (f)	صينيّة
bottle	zuʒāʒa (f)	زجاجة
jar (glass)	barṭamān (m)	برطمان
can	tanaka (f)	تنكة
bottle opener	fattāḥa (f)	فتّاحة
can opener	fattāḥa (f)	فتّاحة
corkscrew	barrīma (f)	بريمة
filter	filtir (m)	فلتر
to filter (vt)	ṣaffa	صفّى
trash, garbage (food waste, etc.)	zubāla (f)	زبالة
trash can (kitchen ~)	ṣundūq az zubāla (m)	صندوق الزبالة

67. Bathroom

bathroom	ḥammām (m)	حمّام
water	mā' (m)	ماء
faucet	ḥanafiyya (f)	حنفيّة
hot water	mā' sāxin (m)	ماء ساخن
cold water	mā' bārid (m)	ماء بارد
toothpaste	ma'ʒūn asnān (m)	معجون أسنان
to brush one's teeth	naẓẓaf al asnān	نظّف الأسنان
toothbrush	furʃat asnān (f)	فرشة أسنان
to shave (vi)	ḥalaq	حلق
shaving foam	raɣwa lil ḥilāqa (f)	رغوة للحلاقة

razor	mūs ḥilāqa (m)	موس حلاقة
to wash (one's hands, etc.)	ɣasal	غسل
to take a bath	istaḥamm	إستحمّ
shower	dūʃ (m)	دوش
to take a shower	aχað ad duʃ	أخذ الدش
bathtub	ḥawḍ istiḥmām (m)	حوض استحمام
toilet (toilet bowl)	mirḥāḍ (m)	مرحاض
sink (washbasin)	ḥawḍ (m)	حوض
soap	ṣābūn (m)	صابون
soap dish	ṣabbāna (f)	صبّانة
sponge	līfa (f)	ليفة
shampoo	ʃāmbū (m)	شامبو
towel	fūṭa (f)	فوطة
bathrobe	θawb ḥammām (m)	ثوب حمّام
laundry (process)	ɣasīl (m)	غسيل
washing machine	ɣassāla (f)	غسّالة
to do the laundry	ɣasal al malābis	غسل الملابس
laundry detergent	masḥūq ɣasīl (m)	مسحوق غسيل

68. Household appliances

TV set	tilivizyūn (m)	تليفزيون
tape recorder	ʒihāz tasʒīl (m)	جهاز تسجيل
VCR (video recorder)	ʒihāz tasʒīl vidiyu (m)	جهاز تسجيل فيديو
radio	ʒihāz radiyu (m)	جهاز راديو
player (CD, MP3, etc.)	blayir (m)	بليير
video projector	'āriḍ vidiyu (m)	عارض فيديو
home movie theater	sinima manzilīyya (f)	سينما منزليّة
DVD player	di vi di (m)	دي في دي
amplifier	mukabbir aṣ ṣawt (m)	مكبّر الصوت
video game console	'atāri (m)	أتاري
video camera	kamira vidiyu (f)	كاميرا فيديو
camera (photo)	kamira (f)	كاميرا
digital camera	kamira diʒital (f)	كاميرا ديجيتال
vacuum cleaner	miknasa kahrabā'iyya (f)	مكنسة كهربائيّة
iron (e.g., steam ~)	makwāt (f)	مكواة
ironing board	lawḥat kayy (f)	لوحة كيّ
telephone	hātif (m)	هاتف
cell phone	hātif maḥmūl (m)	هاتف محمول
typewriter	'āla katiba (f)	آلة كاتبة
sewing machine	'ālat al χiyāṭa (f)	آلة الخياطة
microphone	mikrufūn (m)	ميكروفون

headphones	sammā'āt ra'siya (pl)	سمّاعات رأسيّة
remote control (TV)	rimuwt kuntrūl (m)	ريموت كنترول
CD, compact disc	si di (m)	سي دي
cassette, tape	ʃarīṭ (m)	شريط
vinyl record	usṭuwāna (f)	أسطوانة

HUMAN ACTIVITIES

Job. Business. Part 1

69. Office. Working in the office

office (company ~)	maktab (m)	مكتب
office (of director, etc.)	maktab (m)	مكتب
reception desk	istiqbāl (m)	إستقبال
secretary	sikirtīr (m)	سكرتير

director	mudīr (m)	مدير
manager	mudīr (m)	مدير
accountant	muḥāsib (m)	محاسب
employee	muwaẓẓaf (m)	موظف

furniture	aθāθ (m)	أثاث
desk	maktab (m)	مكتب
desk chair	kursiy (m)	كرسي
drawer unit	waḥdat adrāʒ (f)	وحدة أدراج
coat stand	ʃammāʿa (f)	شمّاعة

computer	kumbyūtir (m)	كمبيوتر
printer	ṭābiʿa (f)	طابعة
fax machine	faks (m)	فاكس
photocopier	ʾālat nasx (f)	آلة نسخ

paper	waraq (m)	ورق
office supplies	adawāt al kitāba (pl)	أدوات الكتابة
mouse pad	wisādat faʾra (f)	وسادة فأرة
sheet (of paper)	waraqa (f)	ورقة
binder	malaff (m)	ملفّ

catalog	fihris (m)	فهرس
phone directory	dalīl at tilifūn (m)	دليل التليفون
documentation	waθāʾiq (pl)	وثائق
brochure (e.g., 12 pages ~)	naʃra (f)	نشرة
leaflet (promotional ~)	manʃūr (m)	منشور
sample	namūðaʒ (m)	نموذج

training meeting	iʒtimāʿ tadrīb (m)	إجتماع تدريب
meeting (of managers)	iʒtimāʿ (m)	إجتماع
lunch time	fatrat al ɣadāʾ (f)	فترة الغذاء
to make a copy	ṣawwar	صوّر

to make multiple copies	ṣawwar	صوّر
to receive a fax	istalam faks	إستلم فاكس
to send a fax	arsal faks	أرسل فاكس
to call (by phone)	ittaṣal	إتصل
to answer (vt)	radd	ردّ
to put through	waṣṣal	وصّل
to arrange, to set up	ḥaddad	حدّد
to demonstrate (vt)	ʿaraḍ	عرض
to be absent	ɣāb	غاب
absence	ɣiyāb (m)	غياب

70. Business processes. Part 1

occupation	ʃuɣl (m)	شغل
firm	ʃarika (f)	شركة
company	ʃarika (f)	شركة
corporation	muʾassasa tiʒāriyya (f)	مؤسسة تجارية
enterprise	ʃarika (f)	شركة
agency	wikāla (f)	وكالة
agreement (contract)	ittifāqiyya (f)	إتفاقيّة
contract	ʿaqd (m)	عقد
deal	ṣafqa (f)	صفقة
order (to place an ~)	ṭalab (m)	طلب
terms (of the contract)	ʃarṭ (m)	شرط
wholesale (adv)	bil ʒumla	بالجملة
wholesale (adj)	al ʒumla	الجملة
wholesale (n)	bayʿ bil ʒumla (m)	بيع بالجملة
retail (adj)	at taʒziʾa	التجزئة
retail (n)	bayʿ bit taʒziʾa (m)	بيع بالتجزئة
competitor	munāfis (m)	منافس
competition	munāfasa (f)	منافسة
to compete (vi)	nāfas	نافس
partner (associate)	ʃarīk (m)	شريك
partnership	ʃirāka (f)	شراكة
crisis	azma (f)	أزمة
bankruptcy	iflās (m)	إفلاس
to go bankrupt	aflas	أفلس
difficulty	ṣuʿūba (f)	صعوبة
problem	muʃkila (f)	مشكلة
catastrophe	kāriθa (f)	كارثة
economy	iqtiṣād (m)	إقتصاد
economic (~ growth)	iqtiṣādiy	إقتصاديّ

economic recession	rukūd iqtiṣādiy (m)	ركود إقتصاديّ
goal (aim)	hadaf (m)	هدف
task	muhimma (f)	مهمّة

to trade (vi)	tāʒir	تاجر
network (distribution ~)	ʃabaka (f)	شبكة
inventory (stock)	al maxzūn (m)	المخزون
range (assortment)	taʃkīla (f)	تشكيلة

leader (leading company)	qāʼid (m)	قائد
large (~ company)	kabīr	كبير
monopoly	iḥtikār (m)	إحتكار

theory	naẓariyya (f)	نظريّة
practice	mumārasa (f)	ممارسة
experience (in my ~)	xibra (f)	خبرة
trend (tendency)	ittiʒāh (m)	إتّجاه
development	tanmiya (f)	تنمية

71. Business processes. Part 2

| profit (foregone ~) | ribḥ (m) | ربح |
| profitable (~ deal) | murbiḥ | مربح |

delegation (group)	wafd (m)	وفد
salary	murattab (m)	مرتّب
to correct (an error)	ṣaḥḥaḥ	صحّح
business trip	riḥlat ʻamal (f)	رحلة عمل
commission	laʒna (f)	لجنة

to control (vt)	taḥakkam	تحكّم
conference	muʼtamar (m)	مؤتمر
license	ruxṣa (f)	رخصة
reliable (~ partner)	mawθūq	موثوق

initiative (undertaking)	mubādara (f)	مبادرة
norm (standard)	miʻyār (m)	معيار
circumstance	ẓarf (m)	ظرف
duty (of employee)	wāʒib (m)	واجب

organization (company)	munaẓẓama (f)	منظّمة
organization (process)	tanẓīm (m)	تنظيم
organized (adj)	munaẓẓam	منظّم
cancellation	ilɣāʼ (m)	إلغاء
to cancel (call off)	alɣa	ألغى
report (official ~)	taqrīr (m)	تقرير

patent	baraʼat al ixtirāʻ (f)	براءة الإختراع
to patent (obtain patent)	saʒʒal baraʼat al ixtirāʻ	سجّل براءة الإختراع
to plan (vt)	xaṭṭaṭ	خطّط

bonus (money)	'ilāwa (f)	علاوة
professional (adj)	mihaniy	مهني
procedure	iʒrā' (m)	إجراء
to examine (contract, etc.)	baḥaθ	بحث
calculation	ḥisāb (m)	حساب
reputation	sum'a (f)	سمعة
risk	muxāṭara (f)	مخاطرة
to manage, to run	adār	أدار
information	ma'lūmāt (pl)	معلومات
property	milkiyya (f)	ملكية
union	ittiḥād (m)	إتحاد
life insurance	ta'mīn 'alal ḥayāt (m)	تأمين على الحياة
to insure (vt)	amman	أمن
insurance	ta'mīn (m)	تأمين
auction (~ sale)	mazād (m)	مزاد
to notify (inform)	ablaɣ	أبلغ
management (process)	idāra (f)	إدارة
service (~ industry)	xidma (f)	خدمة
forum	nadwa (f)	ندوة
to function (vi)	adda waẓīfa	أدى وظيفته
stage (phase)	marḥala (f)	مرحلة
legal (~ services)	qānūniy	قانوني
lawyer (legal advisor)	muḥāmi (m)	محام

72. Production. Works

plant	maṣna' (m)	مصنع
factory	maṣna' (m)	مصنع
workshop	warʃa (f)	ورشة
works, production site	maṣna' (m)	مصنع
industry (manufacturing)	ṣinā'a (f)	صناعة
industrial (adj)	ṣinā'iy	صناعي
heavy industry	ṣinā'a θaqīla (f)	صناعة ثقيلة
light industry	ṣinā'a xafīfa (f)	صناعة خفيفة
products	muntaʒāt (pl)	منتجات
to produce (vt)	antaʒ	أنتج
raw materials	mawādd xām (pl)	مواد خام
foreman (construction ~)	ra'īs al 'ummāl (m)	رئيس العمال
workers team (crew)	farīq al 'ummāl (m)	فريق العمال
worker	'āmil (m)	عامل
working day	yawm 'amal (m)	يوم عمل
pause (rest break)	rāḥa (f)	راحة

meeting	iʒtimāʿ (m)	إجتماع
to discuss (vt)	nāqaʃ	ناقش
plan	xiṭṭa (f)	خطّة
to fulfill the plan	naffað al xuṭṭa	نفّذ الخطّة
rate of output	muʿaddal al intāʒ (m)	معدّل الإنتاج
quality	ʒawda (f)	جودة
control (checking)	taftīʃ (m)	تفتيش
quality control	ḍabṭ al ʒawda (m)	ضبط الجودة
workplace safety	salāmat makān al ʿamal (f)	سلامة مكان العمل
discipline	indibāṭ (m)	إنضباط
violation	muxālafa (f)	مخالفة
(of safety rules, etc.)		
to violate (rules)	xālaf	خالف
strike	idrāb (m)	إضراب
striker	mudrib (m)	مضرب
to be on strike	adrab	أضرب
labor union	ittihād al ʿummāl (m)	إتّحاد العمّال
to invent (machine, etc.)	ixtaraʿ	إخترع
invention	ixtirāʿ (m)	إختراع
research	bahθ (m)	بحث
to improve (make better)	hassan	حسّن
technology	tiknulūʒiya (f)	تكنولوجيا
technical drawing	rasm taqniy (m)	رسم تقنيّ
load, cargo	ʃahn (m)	شحن
loader (person)	hammāl (m)	حمّال
to load (vehicle, etc.)	ʃahan	شحن
loading (process)	tahmīl (m)	تحميل
to unload (vi, vt)	afraɣ	أفرغ
unloading	ifrāɣ (m)	إفراغ
transportation	wasāʾil an naql (pl)	وسائل النقل
transportation company	ʃarikat naql (f)	شركة نقل
to transport (vt)	naqal	نقل
freight car	ʿarabat ʃahn (f)	عربة شحن
tank (e.g., oil ~)	xazzān (m)	خزّان
truck	ʃāhina (f)	شاحنة
machine tool	mākina (f)	ماكنة
mechanism	ʾāliyya (f)	آليّة
industrial waste	muxallafāt ṣināʿiyya (pl)	مخلفات صناعية
packing (process)	taʿbiʾa (f)	تعبئة
to pack (vt)	ʿabbaʾ	عبّأ

73. Contract. Agreement

contract	'aqd (m)	عقد
agreement	ittifāq (m)	إتّفاق
addendum	mulḥaq (m)	ملحق
to sign a contract	waqqa' 'ala 'aqd	وقّع على عقد
signature	tawqī' (m)	توقيع
to sign (vt)	waqqa'	وقّع
seal (stamp)	χatm (m)	ختم
subject of contract	mawḍū' al 'aqd (m)	موضوع العقد
clause	band (m)	بند
parties (in contract)	aṭrāf (pl)	أطراف
legal address	'unwān qānūniy (m)	عنوان قانوني
to violate the contract	χālaf al 'aqd	خالف العقد
commitment (obligation)	iltizām (m)	إلتزام
responsibility	mas'ūliyya (f)	مسؤوليّة
force majeure	quwwa qāhira (m)	قوّة قاهرة
dispute	χilāf (m)	خلاف
penalties	'uqūbāt (pl)	عقوبات

74. Import & Export

import	istīrād (m)	إستيراد
importer	mustawrid (m)	مستورد
to import (vt)	istawrad	إستورد
import (as adj.)	wārid	وارد
export (exportation)	taṣdīr (m)	تصدير
exporter	muṣaddir (m)	مصدّر
to export (vi, vt)	ṣaddar	صدّر
export (as adj.)	ṣādir	صادر
goods (merchandise)	baḍā'i' (pl)	بضائع
consignment, lot	ʃaḥna (f)	شحنة
weight	wazn (m)	وزن
volume	ḥaʒm (m)	حجم
cubic meter	mitr muka"ab (m)	متر مكعّب
manufacturer	aʃ ʃarika al muṣni'a (f)	الشركة المصنعة
transportation company	ʃarikat naql (f)	شركة نقل
container	ḥāwiya (f)	حاوية
border	ḥadd (m)	حدّ
customs	ʒamārik (pl)	جمارك
customs duty	rasm ʒumrukiy (m)	رسم جمركيّ

customs officer	muwazzaf al ӡamārik (m)	موظّف الجمارك
smuggling	tahrīb (m)	تهريب
contraband (smuggled goods)	biḍā'a muharraba (pl)	بضاعة مهرّبة

75. Finances

stock (share)	sahm (m)	سهم
bond (certificate)	sanad (m)	سند
promissory note	kimbyāla (f)	كمبيالة
stock exchange	būrṣa (f)	بورصة
stock price	si'r as sahm (m)	سعر السهم
to go down (become cheaper)	raxuṣ	رخص
to go up (become more expensive)	γala	غلى
share	naṣīb (m)	نصيب
controlling interest	al maӡmū'a al musayṭara (f)	المجموعة المسيطرة
investment	istiθmār (pl)	إستثمار
to invest (vt)	istaθmar	إستثمر
percent	bil mi'a (m)	بالمئة
interest (on investment)	fa'ida (f)	فائدة
profit	ribḥ (m)	ربح
profitable (adj)	murbiḥ	مربح
tax	ḍarība (f)	ضريبة
currency (foreign ~)	'umla (f)	عملة
national (adj)	waṭaniy	وطنيّ
exchange (currency ~)	taḥwīl (m)	تحويل
accountant	muḥāsib (m)	محاسب
accounting	maḥasaba (f)	محاسبة
bankruptcy	iflās (m)	إفلاس
collapse, crash	inhiyār (m)	إنهيار
ruin	iflās (m)	إفلاس
to be ruined (financially)	aflas	أفلس
inflation	taḍaxxum māliy (m)	تضخّم ماليّ
devaluation	taxfīḍ qīmat 'umla (m)	تخفيض قيمة عملة
capital	ra's māl (m)	رأس مال
income	daxl (m)	دخل
turnover	dawrat ra's al māl (f)	دورة رأس المال
resources	mawārid (pl)	موارد
monetary resources	al mawārid an naqdiyya (pl)	الموارد النقديّة

overhead	nafaqāt ʻāmma (pl)	نفقات عامّة
to reduce (expenses)	χaffaḍ	خفّض

76. Marketing

marketing	taswīq (m)	تسويق
market	sūq (f)	سوق
market segment	qaṭāʻ as sūq (m)	قطاع السوق
product	muntaʒ (m)	منتج
goods (merchandise)	baḍāʼiʻ (pl)	بضائع
brand	mārka (f)	ماركة
trademark	mārka tiʒāriyya (f)	ماركة تجاريّة
logotype	ʃiʻār (m)	شعار
logo	ʃiʻār (m)	شعار
demand	ṭalab (m)	طلب
supply	maχzūn (m)	مخزون
need	ḥāʒa (f)	حاجة
consumer	mustahlik (m)	مستهلك
analysis	taḥlīl (m)	تحليل
to analyze (vt)	ḥallal	حلّل
positioning	waḍʻ (m)	وضع
to position (vt)	waḍaʻ	وضع
price	siʻr (m)	سعر
pricing policy	siyāsat al asʻār (f)	سياسة الأسعار
price formation	taʃkīl al asʻār (m)	تشكيل الأسعار

77. Advertising

advertising	iʻlān (m)	إعلان
to advertise (vt)	aʻlan	أعلن
budget	mīzāniyya (f)	ميزانيّة
ad, advertisement	iʻlān (m)	إعلان
TV advertising	iʻlān fit tiliviziyūn (m)	إعلان في التليفزيون
radio advertising	iʻlān fir rādiyu (m)	إعلان في الراديو
outdoor advertising	iʻlān ẓāhiriy (m)	إعلان ظاهريّ
mass media	wasāʼil al iʻlām (pl)	وسائل الإعلام
periodical (n)	ṣaḥifa dawriyya (f)	صحيفة دوريّة
image (public appearance)	imiʒ (m)	إيميج
slogan	ʃiʻār (m)	شعار
motto (maxim)	ʃiʻār (m)	شعار
campaign	ḥamla (f)	حملة

advertising campaign	ḥamla i'lāniyya (f)	حملة إعلانيّة
target group	maʒmūʿa mustahdafa (f)	مجموعة مستهدفة
business card	biṭāqat al ʿamal (f)	بطاقة العمل
leaflet (promotional ~)	manʃūr (m)	منشور
brochure (e.g., 12 pages ~)	naʃra (f)	نشرة
pamphlet	kutayyib (m)	كتيّب
newsletter	naʃra ixbāriyya (f)	نشرة إخبارية
signboard (store sign, etc.)	lāfita (f)	لافتة
poster	mulṣaq i'lāniy (m)	ملصق إعلانيّ
billboard	lawḥat i'lānāt (f)	لوحة إعلانات

78. Banking

bank	bank (m)	بنك
branch (of bank, etc.)	farʿ (m)	فرع
bank clerk, consultant	muwaẓẓaf bank (m)	موظّف بنك
manager (director)	mudīr (m)	مدير
bank account	ḥisāb (m)	حساب
account number	raqm al ḥisāb (m)	رقم الحساب
checking account	ḥisāb ʒāri (m)	حساب جار
savings account	ḥisāb tawfīr (m)	حساب توفير
to open an account	fataḥ ḥisāb	فتح حسابا
to close the account	aylaq ḥisāb	أغلق حسابا
to deposit into the account	awdaʿ fil ḥisāb	أودع في الحساب
to withdraw (vt)	saḥab min al ḥisāb	سحب من الحساب
deposit	wadīʿa (f)	وديعة
to make a deposit	awdaʿ	أودع
wire transfer	ḥawāla (f)	حوالة
to wire, to transfer	ḥawwal	حوّل
sum	mablay (m)	مبلغ
How much?	kam?	كم؟
signature	tawqīʿ (m)	توقيع
to sign (vt)	waqqaʿ	وقّع
credit card	biṭāqat i'timān (f)	بطاقة ائتمان
code (PIN code)	kūd (m)	كود
credit card number	raqm biṭāqat i'timān (m)	رقم بطاقة إئتمان
ATM	ṣarrāf ʾāliy (m)	صرّاف آليّ
check	ʃīk (m)	شيك
to write a check	katab ʃīk	كتب شيكًا

checkbook	daftar ʃīkāt (m)	دفتر شيكات
loan (bank ~)	qarḍ (m)	قرض
to apply for a loan	qaddam ṭalab lil ḥuṣūl 'ala qarḍ	قدّم طلبا للحصول على قرض
to get a loan	ḥaṣal 'ala qarḍ	حصل على قرض
to give a loan	qaddam qarḍ	قدّم قرضا
guarantee	ḍamān (m)	ضمان

79. Telephone. Phone conversation

telephone	hātif (m)	هاتف
cell phone	hātif maḥmūl (m)	هاتف محمول
answering machine	muʒīb al hātif (m)	مجيب الهاتف
to call (by phone)	ittaṣal	إتّصل
phone call	mukālama tilifuniyya (f)	مكالمة تليفونية
to dial a number	ittaṣal bi raqm	إتّصل برقم
Hello!	alu!	ألو!
to ask (vt)	sa'al	سأل
to answer (vi, vt)	radd	ردّ
to hear (vt)	sami'	سمع
well (adv)	ʒayyidan	جيّدا
not well (adv)	sayyi'an	سيّئًا
noises (interference)	taʃwīʃ (m)	تشويش
receiver	sammā'a (f)	سمّاعة
to pick up (~ the phone)	rafa' as sammā'a	رفع السمّاعة
to hang up (~ the phone)	qafal as sammā'a	قفل السمّاعة
busy (engaged)	maʃɣūl	مشغول
to ring (ab. phone)	rann	رنّ
telephone book	dalīl at tilifūn (m)	دليل التليفون
local (adj)	maḥalliyya	محلّية
local call	mukālama hātifiyya maḥalliyya (f)	مكالمة هاتفيّة محلّية
long distance (~ call)	ba'īd al mada	بعيد المدى
long-distance call	mukālama ba'īdat al mada (f)	مكالمة بعيدة المدى
international (adj)	duwaliy	دوليّ
international call	mukālama duwaliyya (f)	مكالمة دوليّة

80. Cell phone

cell phone	hātif maḥmūl (m)	هاتف محمول
display	ʒihāz 'arḍ (m)	جهاز عرض

button	zirr (m)	زرّ
SIM card	sim kart (m)	سيم كارت
battery	baṭṭāriyya (f)	بطاريّة
to be dead (battery)	xalaṣat	خلصت
charger	ʃāḥin (m)	شاحن
menu	qāʾima (f)	قائمة
settings	awḍāʿ (pl)	أوضاع
tune (melody)	naɣma (f)	نغمة
to select (vt)	ixtār	إختار
calculator	ʾāla ḥāsiba (f)	آلة حاسبة
voice mail	barīd ṣawtiy (m)	بريد صوتيّ
alarm clock	munabbih (m)	منبّه
contacts	ʒihāt al ittiṣāl (pl)	جهات الإتّصال
SMS (text message)	risāla qaṣīra ɛsɛmɛs (f)	sms رسالة قصيرة
subscriber	muʃtarik (m)	مشترك

81. Stationery

ballpoint pen	qalam ʒāf (m)	قلم جاف
fountain pen	qalam rīʃa (m)	قلم ريشة
pencil	qalam ruṣāṣ (m)	قلم رصاص
highlighter	markir (m)	ماركر
felt-tip pen	qalam xaṭṭāṭ (m)	قلم خطاط
notepad	muðakkira (f)	مذكّرة
agenda (diary)	ʒadwal al aʿmāl (m)	جدول الأعمال
ruler	masṭara (f)	مسطرة
calculator	ʾāla ḥāsiba (f)	آلة حاسبة
eraser	astīka (f)	استيكة
thumbtack	dabbūs (m)	دبّوس
paper clip	dabbūs waraq (m)	دبّوس ورق
glue	ṣamɣ (m)	صمغ
stapler	dabbāsa (f)	دبّاسة
hole punch	xarrāma (f)	خرّامة
pencil sharpener	mibrāt (f)	مبراة

82. Kinds of business

accounting services	xidamāt muḥāsaba (pl)	خدمات محاسبة
advertising	iʿlān (m)	إعلان
advertising agency	wikālat iʿlān (f)	وكالة إعلان

air-conditioners	takyīf (m)	تكييف
airline	ʃarikat ṭayarān (f)	شركة طيران
alcoholic beverages	maʃrūbāt kuḥūliyya (pl)	مشروبات كحوليّة
antiques (antique dealers)	tuḥaf (pl)	تحف
art gallery (contemporary ~)	maʿraḍ fanniy (m)	معرض فنّي
audit services	tadqīq al ḥisābāt (pl)	تدقيق الحسابات
banking industry	al qiṭāʿ al maṣrafiy (m)	القطاع المصرفي
bar	bār (m)	بار
beauty parlor	ṣālūn taʒmīl (m)	صالون تجميل
bookstore	maḥall kutub (m)	محلّ كتب
brewery	maṣnaʿ bīra (m)	مصنع بيرة
business center	markaz tiʒāriy (m)	مركز تجاريّ
business school	kulliyyat idārat al aʿmāl (f)	كليّة إدارة الأعمال
casino	kazinu (m)	كازينو
construction	bināʼ (m)	بناء
consulting	istiʃāra (f)	إستشارة
dental clinic	ʿiyādat asnān (f)	عيادة أسنان
design	taṣmīm (m)	تصميم
drugstore, pharmacy	ṣaydaliyya (f)	صيدليّة
dry cleaners	tanẓīf ʒāff (m)	تنظيف جافّ
employment agency	wikālat tawẓīf (f)	وكالة توظيف
financial services	xidamāt māliyya (pl)	خدمات ماليّة
food products	mawādd ɣiðāʼiyya (pl)	موادّ غذائيّة
funeral home	bayt al ʒanāzāt (m)	بيت الجنازات
furniture (e.g., house ~)	aθāθ (m)	أثاث
clothing, garment	malābis (pl)	ملابس
hotel	funduq (m)	فندق
ice-cream	muθallaʒāt (pl)	مثلجات
industry (manufacturing)	ṣināʿa (f)	صناعة
insurance	taʼmīn (m)	تأمين
Internet	intirnit (m)	إنترنت
investments (finance)	istiθmārāt (pl)	إستثمارات
jeweler	ṣāʼiɣ (m)	صائغ
jewelry	muʒawharāt (pl)	مجوهرات
laundry (shop)	maɣsala (f)	مغسلة
legal advisor	xidamāt qānūniyya (pl)	خدمات قانونيّة
light industry	ṣināʿa xafīfa (f)	صناعة خفيفة
magazine	maʒalla (f)	مجلّة
mail-order selling	bayʿ bil barīd (m)	بيع بالبريد
medicine	ṭibb (m)	طبّ
movie theater	sinima (f)	سينما
museum	matḥaf (m)	متحف
news agency	wikālat anbāʼ (f)	وكالة أنباء

newspaper	ʒarīda (f)	جريدة
nightclub	malha layliy (m)	ملهى ليليّ
oil (petroleum)	nafṭ (m)	نفط
courier services	xidamāt aʃ ʃaḥn (pl)	خدمات الشحن
pharmaceutics	ṣaydala (f)	صيدلة
printing (industry)	ṭibāʻa (f)	طباعة
publishing house	dār aṭ ṭibāʻa wan naʃr (f)	دار الطباعة والنشر
radio (~ station)	iðāʻa (f)	إذاعة
real estate	ʻiqārāt (pl)	عقارات
restaurant	maṭʻam (m)	مطعم
security company	ʃarikat amn (f)	شركة أمن
sports	riyāḍa (f)	رياضة
stock exchange	būrṣa (f)	بورصة
store	maḥall (m)	محلّ
supermarket	subirmarkit (m)	سوبرماركت
swimming pool (public ~)	masbaḥ (m)	مسبح
tailor shop	ṣālūn (m)	صالون
television	tilivizyūn (m)	تليفزيون
theater	masraḥ (m)	مسرح
trade (commerce)	tiʒāra (f)	تجارة
transportation	wasāʼil an naql (pl)	وسائل النقل
travel	siyāḥa (f)	سياحة
veterinarian	ṭabīb bayṭariy (m)	طبيب بيطريّ
warehouse	mustawdaʻ (m)	مستودع
waste collection	ʒamʻ an nufāyāt (m)	جمع النفايات

Job. Business. Part 2

83. Show. Exhibition

exhibition, show	ma'raḍ (m)	معرض
trade show	ma'raḍ tiʒāriy (m)	معرض تجاريّ
participation	iʃtirāk (m)	إشتراك
to participate (vi)	iʃtarak	إشترك
participant (exhibitor)	muʃtarik (m)	مشترك
director	mudīr (m)	مدير
organizers' office	maktab al munaẓẓimīn (m)	مكتب المنظّمين
organizer	munaẓẓim (m)	منظّم
to organize (vt)	naẓẓam	نظّم
participation form	istimārat al iʃtirāk (f)	إستمارة الإشتراك
to fill out (vt)	mala'	ملأ
details	tafāṣīl (pl)	تفاصيل
information	isti'lāmāt (pl)	إستعلامات
price (cost, rate)	si'r (m)	سعر
including	bima fīh	بما فيه
to include (vt)	taḍamman	تضمّن
to pay (vi, vt)	dafa'	دفع
registration fee	rusūm at tasʒīl (pl)	رسوم التسجيل
entrance	madxal (m)	مدخل
pavilion, hall	ʒanāḥ (m)	جناح
to register (vt)	saʒʒal	سجّل
badge (identity tag)	ʃāra (f)	شارة
booth, stand	kuʃk (m)	كشك
to reserve, to book	ḥaʒaz	حجز
display case	vatrīna (f)	فترينة
spotlight	miṣbāḥ (m)	مصباح
design	taṣmīm (m)	تصميم
to place (put, set)	waḍa'	وضع
distributor	muwazzi' (m)	موزّع
supplier	muwarrid (m)	مورّد
country	balad (m)	بلد
foreign (adj)	aʒnabiy	أجنبيّ
product	muntaʒ (m)	منتج

association	ʒamʻiyya (f)	جمعيّة
conference hall	qāʻat al muʻtamarāt (f)	قاعة المؤتمرات
congress	muʼtamar (m)	مؤتمر
contest (competition)	musābaqa (f)	مسابقة
visitor (attendee)	zāʼir (m)	زائر
to visit (attend)	ḥaḍar	حضر
customer	zubūn (m)	زبون

84. Science. Research. Scientists

science	ʻilm (m)	علم
scientific (adj)	ʻilmiy	علميّ
scientist	ʻālim (m)	عالم
theory	naẓariyya (f)	نظريّة
axiom	badīhiyya (f)	بديهيّة
analysis	taḥlīl (m)	تحليل
to analyze (vt)	ḥallal	حلّل
argument (strong ~)	burhān (m)	برهان
substance (matter)	mādda (f)	مادّة
hypothesis	farḍiyya (f)	فرضيّة
dilemma	muʻḍila (f)	معضلة
dissertation	risāla ʻilmiyya (f)	رسالة علميّة
dogma	ʻaqīda (f)	عقيدة
doctrine	maðhab (m)	مذهب
research	baḥθ (m)	بحث
to research (vt)	baḥaθ	بحث
tests (laboratory ~)	ixtibārāt (pl)	إختبارات
laboratory	muxtabar (m)	مختبر
method	manhaʒ (m)	منهج
molecule	ʒuzayʼ (m)	جزيء
monitoring	riqāba (f)	رقابة
discovery (act, event)	iktiʃāf (m)	إكتشاف
postulate	musallama (f)	مسلّمة
principle	mabdaʼ (m)	مبدأ
forecast	tanabbuʼ (m)	تنبّؤ
to forecast (vt)	tanabbaʼ	تنبّأ
synthesis	tarkīb (m)	تركيب
trend (tendency)	ittiʒāh (m)	إتّجاه
theorem	naẓariyya (f)	نظريّة
teachings	taʻālīm (pl)	تعاليم
fact	ḥaqīqa (f)	حقيقة
expedition	baʻθa (f)	بعثة

experiment	taʒriba (f)	تجربة
academician	akadīmiy (m)	أكاديميّ
bachelor (e.g., ~ of Arts)	bakalūriyūs (m)	بكالوريوس
doctor (PhD)	duktūr (m)	دكتور
Associate Professor	ustāð muʃārik (m)	أستاذ مشارك
Master (e.g., ~ of Arts)	maʒistīr (m)	ماجستير
professor	brufissūr (m)	بروفيسور

Professions and occupations

85. Job search. Dismissal

job	'amal (m)	عمل
staff (work force)	kawādir (pl)	كوادر
personnel	ṭāqim al 'āmilīn (m)	طاقم العاملين
career	masār mihniy (m)	مسار مهنيّ
prospects (chances)	'āfāq (pl)	آفاق
skills (mastery)	mahārāt (pl)	مهارات
selection (screening)	ixtiyār (m)	إختيار
employment agency	wikālat tawẓīf (f)	وكالة توظيف
résumé	sīra ðātiyya (f)	سيرة ذاتيّة
job interview	mu'ābalat 'amal (f)	مقابلة عمل
vacancy, opening	waẓīfa xāliya (f)	وظيفة خالية
salary, pay	murattab (m)	مرتّب
fixed salary	rātib θābit (m)	راتب ثابت
pay, compensation	uʒra (f)	أجرة
position (job)	manṣib (m)	منصب
duty (of employee)	wāʒib (m)	واجب
range of duties	maʒmū'a min al wāʒibāt (f)	مجموعة من الواجبات
busy (I'm ~)	maʃɣūl	مشغول
to fire (dismiss)	aqāl	أقال
dismissal	iqāla (m)	إقالة
unemployment	biṭāla (f)	بطالة
unemployed (n)	'āṭil (m)	عاطل
retirement	ma'āʃ (m)	معاش
to retire (from job)	uḥīl 'alal ma'āʃ	أحيل على المعاش

86. Business people

director	mudīr (m)	مدير
manager (director)	mudīr (m)	مدير
boss	mudīr (m), ra'īs (m)	مدير, رئيس
superior	ra'īs (m)	رئيس
superiors	ru'asā' (pl)	رؤساء
president	ra'īs (m)	رئيس

chairman	raʾīs (m)	رئيس
deputy (substitute)	nāʾib (m)	نائب
assistant	musāʿid (m)	مساعد
secretary	sikirtīr (m)	سكرتير
personal assistant	sikritīr χāṣṣ (m)	سكرتير خاصّ

businessman	raʒul aʿmāl (m)	رجل أعمال
entrepreneur	rāʾid aʿmāl (m)	رائد أعمال
founder	muʾassis (m)	مؤسّس
to found (vt)	assas	أسّس

incorporator	muʾassis (m)	مؤسّس
partner	ʃarīk (m)	شريك
stockholder	musāhim (m)	مساهم

millionaire	milyunīr (m)	مليونير
billionaire	milyardīr (m)	ملياردير
owner, proprietor	ṣāḥib (m)	صاحب
landowner	ṣāḥib al arḍ (m)	صاحب الأرض

client	ʿamīl (m)	عميل
regular client	ʿamīl dāʾim (m)	عميل دائم
buyer (customer)	muʃtari (m)	مشتر
visitor	zāʾir (m)	زائر

professional (n)	muhtarif (m)	محترف
expert	χabīr (m)	خبير
specialist	mutaχaṣṣiṣ (m)	متخصّص

| banker | ṣāḥib maṣraf (m) | صاحب مصرف |
| broker | simsār (m) | سمسار |

cashier, teller	ṣarrāf (m)	صرّاف
accountant	muḥāsib (m)	محاسب
security guard	ḥāris amn (m)	حارس أمن

investor	mustaθmir (m)	مستثمر
debtor	mudīn (m)	مدين
creditor	dāʾin (m)	دائن
borrower	muqtariḍ (m)	مقترض

| importer | mustawrid (m) | مستورد |
| exporter | muṣaddir (m) | مصدّر |

manufacturer	aʃʃarika al muṣniʿa (f)	الشركة المصنعة
distributor	muwazziʿ (m)	موزّع
middleman	wasīṭ (m)	وسيط

consultant	mustaʃār (m)	مستشار
sales representative	mandūb mabiʿāt (m)	مندوب مبيعات
agent	wakīl (m)	وكيل
insurance agent	wakīl at taʾmīn (m)	وكيل التأمين

87. Service professions

cook	ṭabbāx (m)	طبّاخ
chef (kitchen chef)	ʃāf (m)	شاف
baker	xabbāz (m)	خبّاز
bartender	bārman (m)	بارمان
waiter	nādil (m)	نادل
waitress	nādila (f)	نادلة
lawyer, attorney	muḥāmi (m)	محام
lawyer (legal expert)	muḥāmi (m)	محام
notary	muwaθθaq (m)	موثّق
electrician	kahrabā'iy (m)	كهربائيّ
plumber	sabbāk (m)	سبّاك
carpenter	naʒʒār (m)	نجّار
masseur	mudallik (m)	مدلّك
masseuse	mudallika (f)	مدلّكة
doctor	ṭabīb (m)	طبيب
taxi driver	sā'iq taksi (m)	سائق تاكسي
driver	sā'iq (m)	سائق
delivery man	sāʻi (m)	ساع
chambermaid	ʻāmilat tanẓīf ɣuraf (f)	عاملة تنظيف غرف
security guard	ḥāris amn (m)	حارس أمن
flight attendant (fem.)	muḍīfat ṭayarān (f)	مضيفة طيران
schoolteacher	mudarris madrasa (m)	مدرّس مدرسة
librarian	amīn maktaba (m)	أمين مكتبة
translator	mutarʒim (m)	مترجم
interpreter	mutarʒim fawriy (m)	مترجم فوريّ
guide	murʃid (m)	مرشد
hairdresser	ḥallāq (m)	حلّاق
mailman	sāʻi al barīd (m)	ساعي البريد
salesman (store staff)	bā'iʻ (m)	بائع
gardener	bustāniy (m)	بستانيّ
domestic servant	xādim (m)	خادم
maid (female servant)	xādima (f)	خادمة
cleaner (cleaning lady)	ʻāmilat tanẓīf (f)	عاملة تنظيف

88. Military professions and ranks

private	ʒundiy (m)	جنديّ
sergeant	raqīb (m)	رقيب

lieutenant	mulāzim (m)	ملازم
captain	naqīb (m)	نقيب
major	rā'id (m)	رائد
colonel	'aqīd (m)	عقيد
general	ʒinirāl (m)	جنرال
marshal	mārʃāl (m)	مارشال
admiral	amirāl (m)	أميرال
military (n)	'askariy (m)	عسكريّ
soldier	ʒundiy (m)	جنديّ
officer	ḍābiṭ (m)	ضابط
commander	qā'id (m)	قائد
border guard	ḥāris ḥudūd (m)	حارس حدود
radio operator	'āmil lāsilkiy (m)	عامل لاسلكيّ
scout (searcher)	mustakʃif (m)	مستكشف
pioneer (sapper)	muhandis 'askariy (m)	مهندس عسكريّ
marksman	rāmi (m)	رام
navigator	mallāḥ (m)	ملّاح

89. Officials. Priests

king	malik (m)	ملك
queen	malika (f)	ملكة
prince	amīr (m)	أمير
princess	amīra (f)	أميرة
czar	qayṣar (m)	قيصر
czarina	qayṣara (f)	قيصرة
president	ra'īs (m)	رئيس
Secretary (minister)	wazīr (m)	وزير
prime minister	ra'īs wuzarā' (m)	رئيس وزراء
senator	'uḍw maʒlis aʃ ʃuyūχ (m)	عضو مجلس الشيوخ
diplomat	diblumāsiy (m)	دبلوماسيّ
consul	qunṣul (m)	قنصل
ambassador	safīr (m)	سفير
counsilor (diplomatic officer)	mustaʃār (m)	مستشار
official, functionary (civil servant)	muwazzaf (m)	موظف
prefect	ra'īs idārat al ḥayy (m)	رئيس إدارة الحيّ
mayor	ra'īs al baladiyya (m)	رئيس البلديّة
judge	qāḍi (m)	قاض
prosecutor (e.g., district attorney)	mudda'i (m)	مدع

missionary	mubaʃʃir (m)	مبشّر
monk	rāhib (m)	راهب
abbot	raˈīs ad dayr (m)	رئيس الدير
rabbi	ḥāxām (m)	حاخام
vizier	wazīr (m)	وزير
shah	ʃāh (m)	شاه
sheikh	ʃɛyx (m)	شيخ

90. Agricultural professions

beekeeper	naḥḥāl (m)	نحّال
herder, shepherd	rāˈi (m)	راع
agronomist	muhandis zirāˈiy (m)	مهندس زراعي
cattle breeder	murabbi al mawāʃi (m)	مربّي المواشي
veterinarian	ṭabīb bayṭariy (m)	طبيب بيطري
farmer	muzāriˈ (m)	مزارع
winemaker	ṣāniˈ an nabīð (m)	صانع النبيذ
zoologist	xabīr fi ˈilm al ḥayawān (m)	خبير في علم الحيوان
cowboy	rāˈi al baqar (m)	راعي البقر

91. Art professions

actor	mumaθθil (m)	ممثّل
actress	mumaθθila (f)	ممثّلة
singer (masc.)	muɣanni (m)	مغنّ
singer (fem.)	muɣanniya (f)	مغنّية
dancer (masc.)	rāqiṣ (m)	راقص
dancer (fem.)	rāqiṣa (f)	راقصة
performer (masc.)	fannān (m)	فنّان
performer (fem.)	fannāna (f)	فنّانة
musician	ˈāzif (m)	عازف
pianist	ˈāzif biyānu (m)	عازف بيانو
guitar player	ˈāzif gitār (m)	عازف جيتار
conductor (orchestra ~)	qāˈid urkistra (m)	قائد أركسترا
composer	mulaḥḥin (m)	ملحّن
impresario	mudīr firqa (m)	مدير فرقة
film director	muxriʒ (m)	مخرج
producer	muntiʒ (m)	منتج
scriptwriter	kātib sināriyu (m)	كاتب سيناريو
critic	nāqid (m)	ناقد

writer	kātib (m)	كاتب
poet	ʃā'ir (m)	شاعر
sculptor	naḥḥāt (m)	نحّات
artist (painter)	rassām (m)	رسّام

juggler	bahlawān (m)	بهلوان
clown	muharriʒ (m)	مهرّج
acrobat	bahlawān (m)	بهلوان
magician	sāḥir (m)	ساحر

92. Various professions

doctor	ṭabīb (m)	طبيب
nurse	mumarriḍa (f)	ممرّضة
psychiatrist	ṭabīb nafsiy (m)	طبيب نفسيّ
dentist	ṭabīb al asnān (m)	طبيب الأسنان
surgeon	ʒarrāḥ (m)	جرّاح

astronaut	rā'id faḍā' (m)	رائد فضاء
astronomer	'ālim falak (m)	عالم فلك
pilot	ṭayyār (m)	طيّار

driver (of taxi, etc.)	sā'iq (m)	سائق
engineer (train driver)	sā'iq (m)	سائق
mechanic	mikanīkiy (m)	ميكانيكيّ

miner	'āmil manʒam (m)	عامل منجم
worker	'āmil (m)	عامل
locksmith	qaffāl (m)	قفّال
joiner (carpenter)	naʒʒār (m)	نجّار
turner (lathe machine operator)	χarrāṭ (m)	خرّاط
construction worker	'āmil binā' (m)	عامل بناء
welder	laḥḥām (m)	لحّام

professor (title)	brufissūr (m)	بروفيسور
architect	muhandis mi'māriy (m)	مهندس معماريّ
historian	mu'arriχ (m)	مؤرّخ
scientist	'ālim (m)	عالم
physicist	fizyā'iy (m)	فيزيائيّ
chemist (scientist)	kimyā'iy (m)	كيميائيّ

archeologist	'ālim 'āθār (m)	عالم آثار
geologist	ʒiulūʒiy (m)	جيولوجيّ
researcher (scientist)	bāḥiθ (m)	باحث

babysitter	murabbiyat aṭfāl (f)	مربّية الأطفال
teacher, educator	mu'allim (m)	معلّم
editor	muḥarrir (m)	محرّر
editor-in-chief	ra'īs taḥrīr (m)	رئيس تحرير

correspondent	murāsil (m)	مراسل
typist (fem.)	kāteba 'ala el 'āla el kāteba (f)	كاتبة على الآلة الكاتبة
designer	muṣammim (m)	مصمّم
computer expert	mutaxaṣṣiṣ bil kumbyūtir (m)	متخصّص بالكمبيوتر
programmer	mubarmiʒ (m)	مبرمج
engineer (designer)	muhandis (m)	مهندس
sailor	baḥḥār (m)	بحّار
seaman	baḥḥār (m)	بحّار
rescuer	munqið (m)	منقذ
fireman	raʒul itfā' (m)	رجل إطفاء
police officer	ʃurṭiy (m)	شرطيّ
watchman	ḥāris (m)	حارس
detective	muḥaqqiq (m)	محقّق
customs officer	muwazzaf al ʒamārik (m)	موظّف الجمارك
bodyguard	ḥāris ʃaxṣiy (m)	حارس شخصيّ
prison guard	ḥāris siʒn (m)	حارس سجن
inspector	mufattiʃ (m)	مفتّش
sportsman	riyāḍiy (m)	رياضيّ
trainer, coach	mudarrib (m)	مدرّب
butcher	ʒazzār (m)	جزّار
cobbler (shoe repairer)	iskāfiy (m)	إسكافيّ
merchant	tāʒir (m)	تاجر
loader (person)	ḥammāl (m)	حمّال
fashion designer	muṣammim azyā' (m)	مصمّم أزياء
model (fem.)	mudīl (f)	موديل

93. Occupations. Social status

schoolboy	tilmīð (m)	تلميذ
student (college ~)	ṭālib (m)	طالب
philosopher	faylasūf (m)	فيلسوف
economist	iqtiṣādiy (m)	إقتصاديّ
inventor	muxtari' (m)	مخترع
unemployed (n)	'āṭil (m)	عاطل
retiree	mutaqā'id (m)	متقاعد
spy, secret agent	ʒāsūs (m)	جاسوس
prisoner	saʒīn (m)	سجين
striker	muḍrib (m)	مضرب
bureaucrat	buruqrāṭiy (m)	بيروقراطيّ

traveler (globetrotter)	raḥḥāla (m)	رحَّالة
gay, homosexual (n)	miθliy ʒinsiyyan (m)	مثليّ جنسيًا
hacker	hākir (m)	هاكر
hippie	hippi (m)	هيبي
bandit	qāṭiʻ ṭarīq (m)	قاطع طريق
hit man, killer	qātil maʼʒūr (m)	قاتل مأجور
drug addict	mudmin muxaddirāt (m)	مدمن مخدّرات
drug dealer	tāʒir muxaddirāt (m)	تاجر مخدّرات
prostitute (fem.)	ʻāhira (f)	عاهرة
pimp	qawwād (m)	قوّاد
sorcerer	sāḥir (m)	ساحر
sorceress (evil ~)	sāḥira (f)	ساحرة
pirate	qurṣān (m)	قرصان
slave	ʻabd (m)	عبد
samurai	samurāy (m)	ساموراي
savage (primitive)	mutawaḥḥiʃ (m)	متوحّش

Education

94. School

school	madrasa (f)	مدرسة
principal (headmaster)	mudīr madrasa (m)	مدير مدرسة
pupil (boy)	tilmīð (m)	تلميذ
pupil (girl)	tilmīða (f)	تلميذة
schoolboy	tilmīð (m)	تلميذ
schoolgirl	tilmīða (f)	تلميذة
to teach (sb)	'allam	علّم
to learn (language, etc.)	ta'allam	تعلّم
to learn by heart	ḥafaẓ	حفظ
to learn (~ to count, etc.)	ta'allam	تعلّم
to be in school	daras	درس
to go to school	ðahab ilal madrasa	ذهب إلى المدرسة
alphabet	alifbā' (m)	الفباء
subject (at school)	mādda (f)	مادّة
classroom	faṣl (m)	فصل
lesson	dars (m)	درس
recess	istirāḥa (f)	إستراحة
school bell	ʒaras al madrasa (m)	جرس المدرسة
school desk	taxta lil madrasa (m)	تختة للمدرسة
chalkboard	sabbūra (f)	سبّورة
grade	daraʒa (f)	درجة
good grade	daraʒa ʒayyida (f)	درجة جيّدة
bad grade	daraʒa ɣayr ʒayyida (f)	درجة غير جيّدة
to give a grade	a'ṭa daraʒa	أعطى درجة
mistake, error	xaṭa' (m)	خطأ
to make mistakes	axṭa'	أخطأ
to correct (an error)	ṣaḥḥaḥ	صحّح
cheat sheet	waraqat ɣaʃʃ (f)	ورقة غشّ
homework	wāʒib manziliyy (m)	واجب منزليّ
exercise (in education)	tamrīn (m)	تمرين
to be present	ḥaḍar	حضر
to be absent	ɣāb	غاب
to miss school	taɣayyab 'an al madrasa	تغيّب عن المدرسة

to punish (vt)	'āqab	عاقب
punishment	'uqūba (f), 'iqāb (m)	عقوبة, عقاب
conduct (behavior)	sulūk (m)	سلوك

report card	at taqrīr al madrasiy (m)	التقرير المدرسيّ
pencil	qalam ruṣāṣ (m)	قلم رصاص
eraser	astīka (f)	استيكة
chalk	ṭabāʃīr (m)	طباشير
pencil case	maqlama (f)	مقلمة

schoolbag	ʃanṭat al madrasa (f)	شنطة المدرسة
pen	qalam (m)	قلم
school notebook	daftar (m)	دفتر
textbook	kitāb taʻlīm (m)	كتاب تعليم
compasses	barʒal (m)	برجل

to make technical drawings	rasam rasm taqniy	رسم رسمًا تقنيًا
technical drawing	rasm taqniy (m)	رسم تقنيّ

poem	qaṣīda (f)	قصيدة
by heart (adv)	'an ẓahr qalb	عن ظهر قلب
to learn by heart	ḥafaẓ	حفظ

school vacation	'uṭla madrasiyya (f)	عطلة مدرسيّة
to be on vacation	'indahu 'uṭla	عنده عطلة
to spend one's vacation	qaḍa al 'uṭla	قضى العطلة

test (written math ~)	imtiḥān (m)	إمتحان
essay (composition)	inʃāʼ (m)	إنشاء
dictation	imlāʼ (m)	إملاء
exam (examination)	imtiḥān (m)	إمتحان
to take an exam	marr al imtiḥān	مرّ الإمتحان
experiment (e.g., chemistry ~)	taʒriba (f)	تجربة

95. College. University

academy	akadīmiyya (f)	أكاديميّة
university	ʒāmi'a (f)	جامعة
faculty (e.g., ~ of Medicine)	kulliyya (f)	كليّة

student (masc.)	ṭālib (m)	طالب
student (fem.)	ṭāliba (f)	طالبة
lecturer (teacher)	muḥāḍir (m)	محاضر

lecture hall, room	mudarraʒ (m)	مدرّج
graduate	mutaxarriʒ (m)	متخرّج
diploma	diblūma (f)	دبلومة

dissertation	risāla 'ilmiyya (f)	رسالة علميّة
study (report)	dirāsa (f)	دراسة
laboratory	muxtabar (m)	مختبر
lecture	muhādara (f)	محاضرة
coursemate	zamīl fiṣ ṣaff (m)	زميل في الصفّ
scholarship	minha dirāsiyya (f)	منحة دراسيّة
academic degree	daraʒa 'ilmiyya (f)	درجة علميّة

96. Sciences. Disciplines

mathematics	riyāḍīyyāt (pl)	رياضيّات
algebra	al ʒabr (m)	الجبر
geometry	handasa (f)	هندسة
astronomy	'ilm al falak (m)	علم الفلك
biology	'ilm al ahyā' (m)	علم الأحياء
geography	ʒuɣrāfiya (f)	جغرافيا
geology	ʒiulūʒiya (f)	جيولوجيا
history	tarīx (m)	تاريخ
medicine	ṭibb (m)	طبّ
pedagogy	'ilm at tarbiya (f)	علم التربية
law	qānūn (m)	قانون
physics	fizyā' (f)	فيزياء
chemistry	kimyā' (f)	كيمياء
philosophy	falsafa (f)	فلسفة
psychology	'ilm an nafs (m)	علم النفس

97. Writing system. Orthography

grammar	an nahw waṣ ṣarf (m)	النحو والصرف
vocabulary	mufradāt al luɣa (pl)	مفردات اللغة
phonetics	ṣawtīyyāt (pl)	صوتيّات
noun	ism (m)	إسم
adjective	ṣifa (f)	صفة
verb	fi'l (m)	فعل
adverb	ẓarf (m)	ظرف
pronoun	ḍamīr (m)	ضمير
interjection	harf nidā' (m)	حرف نداء
preposition	harf al ʒarr (m)	حرف الجرّ
root	ʒiðr al kalima (m)	جذر الكلمة
ending	nihāya (f)	نهاية
prefix	sābiqa (f)	سابقة

syllable	maqta' lafẓiy (m)	مقطع لفظيّ
suffix	lāḥiqa (f)	لاحقة
stress mark	nabra (f)	نبرة
apostrophe	'alāmat ḥaðf (f)	علامة حذف
period, dot	nuqta (f)	نقطة
comma	fāṣila (f)	فاصلة
semicolon	nuqta wa fāṣila (f)	نقطة وفاصلة
colon	nuqtatān ra'siyyatān (du)	نقطتان رأسيتان
ellipsis	θalāθ nuqaṭ (pl)	ثلاث نقط
question mark	'alāmat istifhām (f)	علامة إستفهام
exclamation point	'alāmat ta'aʒʒub (f)	علامة تعجّب
quotation marks	'alāmāt al iqtibās (pl)	علامات الإقتباس
in quotation marks	bayn 'alāmatay al iqtibās	بين علامتي الإقتباس
parenthesis	qawsān (du)	قوسان
in parenthesis	bayn al qawsayn	بين القوسين
hyphen	'alāmat waṣl (f)	علامة وصل
dash	ʃurṭa (f)	شرطة
space (between words)	farāɣ (m)	فراغ
letter	ḥarf (m)	حرف
capital letter	ḥarf kabīr (m)	حرف كبير
vowel (n)	ḥarf ṣawtiy (m)	حرف صوتيّ
consonant (n)	ḥarf sākin (m)	حرف ساكن
sentence	ʒumla (f)	جملة
subject	fā'il (m)	فاعل
predicate	musnad (m)	مسند
line	saṭr (m)	سطر
on a new line	min bidāyat as saṭr	من بداية السطر
paragraph	fiqra (f)	فقرة
word	kalima (f)	كلمة
group of words	maʒmū'a min al kalimāt (pl)	مجموعة من الكلمات
expression	'ibāra (f)	عبارة
synonym	murādif (m)	مرادف
antonym	mutaḍādd luɣawiy (m)	متضادّ
rule	qā'ida (f)	قاعدة
exception	istiθnā' (m)	إستثناء
correct (adj)	ṣaḥīḥ	صحيح
conjugation	ṣarf (m)	صرف
declension	taṣrīf al asmā' (m)	تصريف الأسماء
nominal case	ḥāla ismiyya (f)	حالة إسميّة
question	su'āl (m)	سؤال

to underline (vt)	waḍaʿ ẋaṭṭ taḥt	وضع خطًا تحت
dotted line	ẋaṭṭ munaqqaṭ (m)	خط منقط

98. Foreign languages

language	luɣa (f)	لغة
foreign (adj)	aʒnabiy	أجنبيّ
foreign language	luɣa aʒnabiyya (f)	لغة أجنبيّة
to study (vt)	daras	درس
to learn (language, etc.)	taʿallam	تعلّم
to read (vi, vt)	qaraʾ	قرأ
to speak (vi, vt)	takallam	تكلّم
to understand (vt)	fahim	فهم
to write (vt)	katab	كتب
fast (adv)	bi surʿa	بسرعة
slowly (adv)	bi buṭʾ	ببطء
fluently (adv)	bi ṭalāqa	بطلاقة
rules	qawāʿid (pl)	قواعد
grammar	an naḥw waṣ ṣarf (m)	النحو والصرف
vocabulary	mufradāt al luɣa (pl)	مفردات اللغة
phonetics	ṣawtīyyāt (pl)	صوتيّات
textbook	kitāb taʿlīm (m)	كتاب تعليم
dictionary	qāmūs (m)	قاموس
teach-yourself book	kitāb taʿlīm ðātiy (m)	كتاب تعليم ذاتيّ
phrasebook	kitāb lil ʿibārāt aʃ ʃāʾiʿa (m)	كتاب للعبارت الشائعة
cassette, tape	ʃarīṭ (m)	شريط
videotape	ʃarīʾṭ vidiyu (m)	شريط فيديو
CD, compact disc	si di (m)	سي دي
DVD	di vi di (m)	دي في دي
alphabet	alifbāʾ (m)	الفباء
to spell (vt)	tahaʒʒa	تهجّى
pronunciation	nuṭq (m)	نطق
accent	lukna (f)	لكنة
with an accent	bi lukna	بلكنة
without an accent	bi dūn lukna	بدون لكنة
word	kalima (f)	كلمة
meaning	maʿna (m)	معنى
course (e.g., a French ~)	dawra (f)	دورة
to sign up	saʒʒal ismahu	سجّل إسمه
teacher	mudarris (m)	مدرّس
translation (process)	tarʒama (f)	ترجمة

translation (text, etc.)	tarʒama (f)	ترجمة
translator	mutarʒim (m)	مترجم
interpreter	mutarʒim fawriy (m)	مترجم فوري
polyglot	ʻalīm bi ʻiddat luɣāt (m)	عليم بعدّة لغات
memory	ðākira (f)	ذاكرة

Rest. Entertainment. Travel

99. Trip. Travel

tourism, travel	siyāḥa (f)	سياحة
tourist	sā'iḥ (m)	سائح
trip, voyage	riḥla (f)	رحلة
adventure	muɣāmara (f)	مغامرة
trip, journey	riḥla (f)	رحلة
vacation	'uṭla (f)	عطلة
to be on vacation	'indahu 'uṭla	عنده عطلة
rest	istirāḥa (f)	إستراحة
train	qiṭār (m)	قطار
by train	bil qiṭār	بالقطار
airplane	ṭā'ira (f)	طائرة
by airplane	biṭ ṭā'ira	بالطائرة
by car	bis sayyāra	بالسيّارة
by ship	bis safīna	بالسفينة
luggage	aʃʃunaṭ (pl)	الشنط
suitcase	ḥaqībat safar (f)	حقيبة سفر
luggage cart	'arabat ʃunaṭ (f)	عربة شنط
passport	ʒawāz as safar (m)	جواز السفر
visa	ta'ʃīra (f)	تأشيرة
ticket	taðkira (f)	تذكرة
air ticket	taðkirat ṭā'ira (f)	تذكرة طائرة
guidebook	dalīl (m)	دليل
map (tourist ~)	xarīṭa (f)	خريطة
area (rural ~)	minṭaqa (f)	منطقة
place, site	makān (m)	مكان
exotica (n)	ɣarāba (f)	غرابة
exotic (adj)	ɣarīb	غريب
amazing (adj)	mudhiʃ	مدهش
group	maʒmū'a (f)	مجموعة
excursion, sightseeing tour	ʒawla (f)	جولة
guide (person)	murʃid (m)	مرشد

100. Hotel

hotel	funduq (m)	فندق
motel	mutīl (m)	موتيل
three-star (~ hotel)	θalāθat nuʒūm	ثلاثة نجوم
five-star	χamsat nuʒūm	خمسة نجوم
to stay (in a hotel, etc.)	nazal	نزل
room	ɣurfa (f)	غرفة
single room	ɣurfa li ʃaχṣ wāḥid (f)	غرفة لشخص واحد
double room	ɣurfa li ʃaχṣayn (f)	غرفة لشخصين
to book a room	ḥaʒaz ɣurfa	حجز غرفة
half board	waʒbitān fil yawm (du)	وجبتان في اليوم
full board	θalāθ waʒabāt fil yawm	ثلاث وجبات في اليوم
with bath	bi ḥawḍ al istiḥmām	بحوض الإستحمام
with shower	bid duʃ	بالدوش
satellite television	tilivizyūn faḍā'iy (m)	تلفزيون فضائيّ
air-conditioner	takyīf (m)	تكييف
towel	fūṭa (f)	فوطة
key	miftāḥ (m)	مفتاح
administrator	mudīr (m)	مدير
chambermaid	ʿāmilat tanẓīf ɣuraf (f)	عاملة تنظيف غرف
porter, bellboy	ḥammāl (m)	حمّال
doorman	bawwāb (m)	بوّاب
restaurant	maṭʿam (m)	مطعم
pub, bar	bār (m)	بار
breakfast	fuṭūr (m)	فطور
dinner	ʿaʃā' (m)	عشاء
buffet	bufīh (m)	بوفيه
lobby	radha (f)	ردهة
elevator	miṣʿad (m)	مصعد
DO NOT DISTURB	ar raʒā' ʿadam al izʿāʒ	الرجاء عدم الإزعاج
NO SMOKING	mamnūʿ at tadχīn	ممنوع التدخين

TECHNICAL EQUIPMENT. TRANSPORTATION

Technical equipment

101. Computer

computer	kumbyūtir (m)	كمبيوتر
notebook, laptop	kumbyūtir maḥmūl (m)	كمبيوتر محمول
to turn on	ʃayyal	شغّل
to turn off	aɣlaq	أغلق
keyboard	lawḥat al mafātīḥ (f)	لوحة المفاتيح
key	miftāḥ (m)	مفتاح
mouse	fa'ra (f)	فأرة
mouse pad	wisādat fa'ra (f)	وسادة فأرة
button	zirr (m)	زرّ
cursor	mu'aʃʃir (m)	مؤشّر
monitor	ʃāʃa (f)	شاشة
screen	ʃāʃa (f)	شاشة
hard disk	qurṣ ṣalib (m)	قرص صلب
hard disk capacity	siʿat taχzīn (f)	سعة تخزين
memory	ðākira (f)	ذاكرة
random access memory	ðākirat al wuṣūl al ʿaʃwā'iy (f)	ذاكرة الوصول العشوائيّ
file	malaff (m)	ملفّ
folder	ḥāfiẓa (m)	حافظة
to open (vt)	fataḥ	فتح
to close (vt)	aɣlaq	أغلق
to save (vt)	ḥafaẓ	حفظ
to delete (vt)	masaḥ	مسح
to copy (vt)	nasaχ	نسخ
to sort (vt)	ṣannaf	صنّف
to transfer (copy)	naqal	نقل
program	barnāmaʒ (m)	برنامج
software	barāmiʒ kumbyūtir (pl)	برامج كمبيوتر
programmer	mubarmiʒ (m)	مبرمج
to program (vt)	barmaʒ	برمج
hacker	hākir (m)	هاكر

password	kalimat as sirr (f)	كلمة السرّ
virus	virūs (m)	فيروس
to find, to detect	waʒad	وجد
byte	bayt (m)	بايت
megabyte	miʒabāyt (m)	ميجابايت
data	bayānāt (pl)	بيانات
database	qaʻidat bayānāt (f)	قاعدة بيانات
cable (USB, etc.)	kābil (m)	كابل
to disconnect (vt)	faṣal	فصل
to connect (sth to sth)	waṣṣal	وصّل

102. Internet. E-mail

Internet	intirnit (m)	إنترنت
browser	mutaṣaffiḥ (m)	متصفح
search engine	muḥarrik baḥθ (m)	محرّك بحث
provider	ʃarikat al intirnīt (f)	شركة الإنترنيت
webmaster	mudīr al mawqiʻ (m)	مدير الموقع
website	mawqiʻ iliktrūniy (m)	موقع إلكتروني
webpage	ṣafḥat wīb (f)	صفحة ويب
address (e-mail ~)	ʻunwān (m)	عنوان
address book	daftar al ʻanāwīn (m)	دفتر العناوين
mailbox	ṣundūq al barīd (m)	صندوق البريد
mail	barīd (m)	بريد
full (adj)	mumtali'	ممتلىء
message	risāla iliktrūniyya (f)	رسالة إلكترونيّة
incoming messages	rasa'il wārida (pl)	رسائل واردة
outgoing messages	rasa'il ṣādira (pl)	رسائل صادرة
sender	mursil (m)	مرسل
to send (vt)	arsal	أرسل
sending (of mail)	irsāl (m)	إرسال
receiver	mursal ilayh (m)	مرسل إليه
to receive (vt)	istalam	إستلم
correspondence	murāsala (f)	مراسلة
to correspond (vi)	tarāsal	تراسل
file	malaff (m)	ملفّ
to download (vt)	ḥammal	حمّل
to create (vt)	anʃa'	أنشأ
to delete (vt)	masaḥ	مسح
deleted (adj)	mamsūḥ	ممسوح

connection (ADSL, etc.)	ittiṣāl (m)	إتصال
speed	sur'a (f)	سرعة
modem	mudim (m)	مودم
access	wuṣūl (m)	وصول
port (e.g., input ~)	maxraʒ (m)	مخرج
connection (make a ~)	ittiṣāl (m)	إتصال
to connect to ... (vi)	ittaṣal	إتصل
to select (vt)	ixtār	إختار
to search (for ...)	baḥaθ	بحث

103. Electricity

electricity	kahrabā' (m)	كهرباء
electric, electrical (adj)	kahrabā'iy	كهربائي
electric power plant	maḥaṭṭa kahrabā'iyya (f)	محطة كهربائية
energy	ṭāqa (f)	طاقة
electric power	ṭāqa kahrabā'iyya (f)	طاقة كهربائية
light bulb	lamba (f)	لمبة
flashlight	kaʃʃāf an nūr (m)	كشاف النور
street light	'amūd an nūr (m)	عمود النور
light	nūr (m)	نور
to turn on	fataḥ, ʃayɣal	فتح، شغّل
to turn off	ṭaffa	طفى
to turn off the light	ṭaffa n nūr	طفى النور
to burn out (vi)	intafa'	إنطفأ
short circuit	da'ira kahrabā'iyya qaṣīra (f)	دائرة كهربائية قصيرة
broken wire	silk maqṭū' (m)	سلك مقطوع
contact (electrical ~)	talāmus (m)	تلامس
light switch	miftāḥ an nūr (m)	مفتاح النور
wall socket	barizat al kahrabā' (f)	بريزة الكهرباء
plug	fīʃat al kahrabā' (f)	فيشة الكهرباء
extension cord	silk tawṣīl (m)	سلك توصيل
fuse	fāṣima (f)	فاصمة
cable, wire	silk (m)	سلك
wiring	aslāk (pl)	أسلاك
ampere	ambīr (m)	أمبير
amperage	ʃiddat at tayyār al kahrabā'iy (f)	شدّة التيار الكهربائي
volt	vūlt (m)	فولت
voltage	ʒuhd kahrabā'iy (m)	جهد كهربائي
electrical device	ʒihāz kahrabā'iy (m)	جهاز كهربائي

indicator	mu'aʃʃir (m)	مؤشّر
electrician	kahrabā'iy (m)	كهربائيّ
to solder (vt)	laḥam	لحم
soldering iron	adāt laḥm (f)	أداة لحم
electric current	tayyār kahrabā'iy (m)	تيّار كهربائيّ

104. Tools

tool, instrument	adāt (f)	أداة
tools	adawāt (pl)	أدوات
equipment (factory ~)	mu'addāt (pl)	معدّات
hammer	miṭraqa (f)	مطرقة
screwdriver	mifakk (m)	مفكّ
ax	fa's (m)	فأس
saw	minʃār (m)	منشار
to saw (vt)	naʃar	نشر
plane (tool)	mashḥaʒ (m)	مسحج
to plane (vt)	saḥaʒ	سحج
soldering iron	adāt laḥm (f)	أداة لحم
to solder (vt)	laḥam	لحم
file (tool)	mibrad (m)	مبرد
carpenter pincers	kammāʃa (f)	كمّاشة
lineman's pliers	zardiyya (f)	زرديّة
chisel	izmīl (m)	إزميل
drill bit	luqmat θaqb (m)	لقمة ثقب
electric drill	miθqab (m)	مثقب
to drill (vi, vt)	θaqab	ثقب
knife	sikkīn (m)	سكّين
pocket knife	sikkīn ʒayb (m)	سكّين جيب
blade	ʃafra (f)	شفرة
sharp (blade, etc.)	ḥādd	حادّ
dull, blunt (adj)	θālim	ثالم
to get blunt (dull)	taθallam	تثلّم
to sharpen (vt)	ʃaḥað	شحذ
bolt	mismār qalāwūz (m)	مسمار قلاووظ
nut	ṣamūla (f)	صامولة
thread (of a screw)	nazm (m)	نظم
wood screw	qalāwūz (m)	قلاووظ
nail	mismār (m)	مسمار
nailhead	ra's al mismār (m)	رأس المسمار
ruler (for measuring)	masṭara (f)	مسطرة
tape measure	ʃarī't al qiyās (m)	شريط القياس

spirit level	mīzān al mā' (m)	ميزان الماء
magnifying glass	'adasa mukabbira (f)	عدسة مكبّرة
measuring instrument	ʒihāz qiyās (m)	جهاز قياس
to measure (vt)	qās	قاس
scale (of thermometer, etc.)	miqyās (m)	مقياس
readings	qirā'a (f)	قراءة
compressor	ḍāɣiṭ al ɣāz (m)	ضاغط الغاز
microscope	mikruskūb (m)	ميكروسكوب
pump (e.g., water ~)	ṭulumba (f)	طلمبة
robot	rūbut (m)	روبوت
laser	layzir (m)	ليزر
wrench	miftāḥ aṣ ṣawāmīl (m)	مفتاح الصواميل
adhesive tape	lazq (m)	لزق
glue	ṣamɣ (m)	صمغ
sandpaper	waraq ṣanfara (m)	ورق صنفرة
spring	sūsta (f)	سوستة
magnet	miɣnaṭīs (m)	مغنطيس
gloves	quffāz (m)	قفاز
rope	ḥabl (m)	حبل
cord	ḥabl (m)	حبل
wire (e.g., telephone ~)	silk (m)	سلك
cable	kābil (m)	كابل
sledgehammer	mirzaba (f)	مرزبة
prybar	'atala (f)	عتلة
ladder	sullam (m)	سلّم
stepladder	sullam (m)	سلّم
to screw (tighten)	aḥkam aʃ ʃadd	أحكم الشدّ
to unscrew (lid, filter, etc.)	fataḥ	فتح
to tighten (e.g., with a clamp)	kamaʃ	كمش
to glue, to stick	alṣaq	ألصق
to cut (vt)	qaṭaʻ	قطع
malfunction (fault)	ta'aṭṭul (m)	تعطّل
repair (mending)	iṣlāḥ (m)	إصلاح
to repair, to fix (vt)	aṣlaḥ	أصلح
to adjust (machine, etc.)	ḍabaṭ	ضبط
to check (to examine)	iχtabar	إختبر
checking	faḥṣ (m)	فحص
readings	qirā'a (f)	قراءة
reliable, solid (machine)	matīn	متين
complex (adj)	murakkab	مركّب

to rust (get rusted)	ṣadi'	صدئ
rusty, rusted (adj)	ṣadī'	صديء
rust	ṣada' (m)	صدأ

Transportation

105. Airplane

airplane	ṭā'ira (f)	طائرة
air ticket	taðkirat ṭā'ira (f)	تذكرة طائرة
airline	ʃarikat ṭayarān (f)	شركة طيران
airport	maṭār (m)	مطار
supersonic (adj)	xāriq liṣ ṣawt	خارق للصوت
captain	qā'id aṭ ṭā'ira (m)	قائد الطائرة
crew	ṭāqim (m)	طاقم
pilot	ṭayyār (m)	طيّار
flight attendant (fem.)	muḍīfat ṭayarān (f)	مضيفة طيران
navigator	mallāḥ (m)	مَلّاح
wings	aʒniḥa (pl)	أجنحة
tail	ðayl (m)	ذيل
cockpit	kabīna (f)	كابينة
engine	mutūr (m)	موتور
undercarriage (landing gear)	'aʒalāt al hubūṭ (pl)	عجلات الهبوط
turbine	turbīna (f)	تربينة
propeller	mirwaḥa (f)	مروحة
black box	musaʒʒil aṭ ṭayarān (m)	مسجّل الطيران
yoke (control column)	'aʒalat qiyāda (f)	عجلة قيادة
fuel	wuqūd (m)	وقود
safety card	biṭāqat as salāma (f)	بطاقة السلامة
oxygen mask	qinā' uksiʒīn (m)	قناع أوكسيجين
uniform	libās muwaḥḥad (m)	لباس موحّد
life vest	sutrat naʒāt (f)	سترة نجاة
parachute	miẓallat hubūṭ (f)	مظلّة هبوط
takeoff	iqlā' (m)	إقلاع
to take off (vi)	aqla'at	أقلعت
runway	madraʒ aṭ ṭā'irāt (m)	مدرج الطائرات
visibility	ru'ya (f)	رؤية
flight (act of flying)	ṭayarān (m)	طيران
altitude	irtifā' (m)	إرتفاع
air pocket	ʒayb hawā'iy (m)	جيب هوائيّ
seat	maq'ad (m)	مقعد
headphones	sammā'āt ra'siya (pl)	سمّاعات رأسيّة

folding tray (tray table)	ṣīniyya qābila liṭ ṭayy (f)	صينية قابلة للطيّ
airplane window	ʃubbāk aṭ ṭā'ira (m)	شبّاك الطائرة
aisle	mamarr (m)	ممرّ

106. Train

train	qiṭār (m)	قطار
commuter train	qiṭār (m)	قطار
express train	qiṭār sarīʻ (m)	قطار سريع
diesel locomotive	qāṭirat dīzil (f)	قاطرة ديزل
steam locomotive	qāṭira buxāriyya (f)	قاطرة بخاريّة
passenger car	'araba (f)	عربة
dining car	'arabat al maṭ'am (f)	عربة المطعم
rails	quḍubān (pl)	قضبان
railroad	sikka ḥadīdiyya (f)	سكّة حديديّة
railway tie	'āriḍa (f)	عارضة
platform (railway ~)	raṣīf (m)	رصيف
track (~ 1, 2, etc.)	xaṭṭ (m)	خطّ
semaphore	simafūr (m)	سيمافور
station	maḥaṭṭa (f)	محطّة
engineer (train driver)	sā'iq (m)	سائق
porter (of luggage)	ḥammāl (m)	حمّال
car attendant	mas'ūl 'arabat al qiṭār (m)	مسؤول عربة القطار
passenger	rākib (m)	راكب
conductor (ticket inspector)	kamsariy (m)	كمسريّ
corridor (in train)	mamarr (m)	ممرّ
emergency brake	farāmil aṭ ṭawāri' (pl)	فرامل الطوارئ
compartment	γurfa (f)	غرفة
berth	sarīr (m)	سرير
upper berth	sarīr 'ulwiy (m)	سرير علويّ
lower berth	sarīr sufliy (m)	سرير سفليّ
bed linen, bedding	aγṭiyat as sarīr (pl)	أغطية السرير
ticket	taðkira (f)	تذكرة
schedule	ʒadwal (m)	جدول
information display	lawḥat ma'lūmāt (f)	لوحة معلومات
to leave, to depart	γādar	غادر
departure (of train)	muγādara (f)	مغادرة
to arrive (ab. train)	waṣal	وصل
arrival	wuṣūl (m)	وصول
to arrive by train	waṣal bil qiṭār	وصل بالقطار
to get on the train	rakib al qiṭār	ركب القطار

to get off the train	nazil min al qiṭār	نزل من القطار
train wreck	ḥiṭām qiṭār (m)	حطام قطار
to derail (vi)	xaraʒ ʿan xaṭṭ sayrih	خرج عن خطّ سيره
steam locomotive	qāṭira buxāriyya (f)	قاطرة بخاريّة
stoker, fireman	ʿataʃʒiy (m)	عطشجي
firebox	furn al muḥarrik (m)	فرن المُحرّك
coal	faḥm (m)	فحم

107. Ship

ship	safīna (f)	سفينة
vessel	safīna (f)	سفينة
steamship	bāxira (f)	باخرة
riverboat	bāxira nahriyya (f)	باخرة نهريّة
cruise ship	bāxira siyaḥiyya (f)	باخرة سياحيّة
cruiser	ṭarrād (m)	طرّاد
yacht	yaxt (m)	يخت
tugboat	qāṭira (f)	قاطرة
barge	ṣandal (m)	صندل
ferry	ʿabbāra (f)	عبّارة
sailing ship	safīna ʃirāʿiyya (m)	سفينة شراعيّة
brigantine	markab ʃirāʿiy (m)	مركب شراعيّ
ice breaker	muḥaṭṭimat ʒalīd (f)	محطّمة جليد
submarine	ɣawwāṣa (f)	غوّاصة
boat (flat-bottomed ~)	markab (m)	مركب
dinghy	zawraq (m)	زورق
lifeboat	qārib naʒāt (m)	قارب نجاة
motorboat	lanʃ (m)	لنش
captain	qubṭān (m)	قبطان
seaman	baḥḥār (m)	بحّار
sailor	baḥḥār (m)	بحّار
crew	ṭāqim (m)	طاقم
boatswain	raʾīs al baḥḥāra (m)	رئيس البحّارة
ship's boy	ṣabiy as safīna (m)	صبي السفينة
cook	ṭabbāx (m)	طبّاخ
ship's doctor	ṭabīb as safīna (m)	طبيب السفينة
deck	saṭḥ as safīna (m)	سطح السفينة
mast	sāriya (f)	سارية
sail	ʃirāʿ (m)	شراع
hold	ʿambar (m)	عنبر
bow (prow)	muqaddama (m)	مقدمة

stern	mu'axirat as safīna (f)	مؤخرة السفينة
oar	miʒðāf (m)	مجذاف
screw propeller	mirwaḥa (f)	مروحة
cabin	kabīna (f)	كابينة
wardroom	ɣurfat al istirāḥa (f)	غرفة الإستراحة
engine room	qism al 'ālāt (m)	قسم الآلات
bridge	burʒ al qiyāda (m)	برج القيادة
radio room	ɣurfat al lāsilkiy (f)	غرفة اللاسلكيّ
wave (radio)	mawʒa (f)	موجة
logbook	siʒil as safīna (m)	سجل السفينة
spyglass	minẓār (m)	منظار
bell	ʒaras (m)	جرس
flag	'alam (m)	علم
hawser (mooring ~)	ḥabl (m)	حبل
knot (bowline, etc.)	'uqda (f)	عقدة
deckrails	drabizīn (m)	درابزين
gangway	sullam (m)	سلّم
anchor	mirsāt (f)	مرساة
to weigh anchor	rafa' mirsāt	رفع مرساة
to drop anchor	rasa	رسا
anchor chain	silsilat mirsāt (f)	سلسلة مرساة
port (harbor)	mīnā' (m)	ميناء
quay, wharf	marsa (m)	مرسى
to berth (moor)	rasa	رسا
to cast off	aqla'	أقلع
trip, voyage	riḥla (f)	رحلة
cruise (sea trip)	riḥla baḥriyya (f)	رحلة بحرية
course (route)	masār (m)	مسار
route (itinerary)	ṭarīq (m)	طريق
fairway (safe water channel)	maʒra milāḥiy (m)	مجرى ملاحيّ
shallows	miyāh ḍaḥla (f)	مياه ضحلة
to run aground	ʒanaḥ	جنح
storm	'āṣifa (f)	عاصفة
signal	iʃāra (f)	إشارة
to sink (vi)	ɣariq	غرق
Man overboard!	saqaṭ raʒul min as safīna!	سقط رجل من السفينة!
SOS (distress signal)	nidā' iɣāθa (m)	نداء إغاثة
ring buoy	ṭawq naʒāt (m)	طوق نجاة

108. Airport

airport	maṭār (m)	مطار
airplane	ṭā'ira (f)	طائرة
airline	ʃarikat ṭayarān (f)	شركة طيران
air traffic controller	marāqib al ḥaraka al ʒawwiyya (pl)	مراقب الحركة الجويّة
departure	muɣādara (f)	مغادرة
arrival	wuṣūl (m)	وصول
to arrive (by plane)	waṣal	وصل
departure time	waqt al muɣādara (m)	وقت المغادرة
arrival time	waqt al wuṣūl (m)	وقت الوصول
to be delayed	ta'aχχar	تأخّر
flight delay	ta'aχχur ar riḥla (m)	تأخّر الرحلة
information board	lawḥat al ma'lūmāt (f)	لوحة المعلومات
information	isti'lāmāt (pl)	إستعلامات
to announce (vt)	a'lan	أعلن
flight (e.g., next ~)	riḥla (f)	رحلة
customs	ʒamārik (pl)	جمارك
customs officer	muwaẓẓaf al ʒamārik (m)	موظف الجمارك
customs declaration	taṣrīḥ ʒumrukiy (m)	تصريح جمركيّ
to fill out (vt)	mala'	ملأ
to fill out the declaration	mala' at taṣrīḥ	ملأ التصريح
passport control	taftīʃ al ʒawāzāt (m)	تفتيش الجوازات
luggage	aʃʃunaṭ (pl)	الشنط
hand luggage	ʃunaṭ al yad (pl)	شنط اليد
luggage cart	'arabat ʃunaṭ (f)	عربة شنط
landing	hubūṭ (m)	هبوط
landing strip	mamarr al hubūṭ (m)	ممرّ الهبوط
to land (vi)	habaṭ	هبط
airstairs	sullam aṭ ṭā'ira (m)	سلّم الطائرة
check-in	tasʒīl (m)	تسجيل
check-in counter	makān at tasʒīl (m)	مكان التسجيل
to check-in (vi)	saʒʒal	سجّل
boarding pass	biṭāqat ṣu'ūd (f)	بطاقة صعود
departure gate	bawwābat al muɣādara (f)	بوّابة المغادرة
transit	tranzīt (m)	ترانزيت
to wait (vt)	intaẓar	إنتظر
departure lounge	qā'at al muɣādara (f)	قاعة المغادرة
to see off	wadda'	ودّع
to say goodbye	wadda'	ودّع

Life events

109. Holidays. Event

celebration, holiday	ʿīd (m)	عيد
national day	ʿīd waṭaniy (m)	عيد وطنيّ
public holiday	yawm al ʿuṭla ar rasmiyya (m)	يوم العطلة الرسمية
to commemorate (vt)	iḥtafal	إحتفل
event (happening)	ḥadaθ (m)	حدث
event (organized activity)	munasaba (f)	مناسبة
banquet (party)	walīma (f)	وليمة
reception (formal party)	ḥaflat istiqbāl (f)	حفلة إستقبال
feast	walīma (f)	وليمة
anniversary	ðikra sanawiyya (f)	ذكرى سنويّة
jubilee	yubīl (m)	يوبيل
to celebrate (vt)	iḥtafal	إحتفل
New Year	ra's as sana (m)	رأس السنة
Happy New Year!	kull sana wa anta ṭayyib!	كلّ سنة وأنت طيّب!
Santa Claus	baba nuwīl (m)	بابا نويل
Christmas	ʿīd al mīlād (m)	عيد الميلاد
Merry Christmas!	ʿīd mīlād saʿīd!	عيد ميلاد سعيد!
Christmas tree	ʃaʒarat ra's as sana (f)	شجرة رأس السنة
fireworks (fireworks show)	alʿāb nāriyya (pl)	ألعاب ناريّة
wedding	zifāf (m)	زفاف
groom	ʿarīs (m)	عريس
bride	ʿarūsa (f)	عروسة
to invite (vt)	daʿa	دعا
invitation card	biṭāqat daʿwa (f)	بطاقة دعوة
guest	ḍayf (m)	ضيف
to visit (~ your parents, etc.)	zār	زار
to meet the guests	istaqbal aḍ ḍuyūf	إستقبل الضيوف
gift, present	hadiyya (f)	هديّة
to give (sth as present)	qaddam	قدّم
to receive gifts	istalam al hadāya	إستلم الهدايا
bouquet (of flowers)	bāqat zuhūr (f)	باقة زهور
congratulations	tahniʾa (f)	تهنئة

to congratulate (vt)	hanna'	هنأ
greeting card	biṭāqat tahnī'a (f)	بطاقة تهنئة
to send a postcard	arsal biṭāqat tahni'a	أرسل بطاقة تهنئة
to get a postcard	istalam biṭāqat tahnī'a	إستلم بطاقة تهنئة
toast	naxb (m)	نخب
to offer (a drink, etc.)	ḍayyaf	ضيّف
champagne	ʃambāniya (f)	شمبانيا
to enjoy oneself	istamta'	إستمتع
merriment (gaiety)	faraḥ (m)	فرح
joy (emotion)	sa'āda (f)	سعادة
dance	rāqiṣa (f)	رقصة
to dance (vi, vt)	raqaṣ	رقص
waltz	vāls (m)	فالس
tango	tāngu (m)	تانجو

110. Funerals. Burial

cemetery	maqbara (f)	مقبرة
grave, tomb	qabr (m)	قبر
cross	ṣalīb (m)	صليب
gravestone	ʃāhid al qabr (m)	شاهد القبر
fence	sūr (m)	سور
chapel	kanīsa ṣaɣīra (f)	كنيسة صغيرة
death	mawt (m)	موت
to die (vi)	māt	مات
the deceased	al mutawaffi (m)	المتوفّي
mourning	ḥidād (m)	حداد
to bury (vt)	dafan	دفن
funeral home	bayt al ʒanāzāt (m)	بيت الجنازات
funeral	ʒanāza (f)	جنازة
wreath	iklīl (m)	إكليل
casket, coffin	tābūt (m)	تابوت
hearse	sayyārat naql al mawta (f)	سيّارة نقل الموتى
shroud	kafan (m)	كفن
funeral procession	ʒanāza (f)	جنازة
funerary urn	qārūra li ḥifẓ ramād al mawta (f)	قارورة لحفظ رماد الموتى
crematory	maḥraqat ʒuθaθ al mawta (f)	محرقة جثث الموتى
obituary	na'iy (m)	نعي
to cry (weep)	baka	بكى
to sob (vi)	naḥab	نحب

111. War. Soldiers

platoon	faṣīla (f)	فصيلة
company	sariyya (f)	سريّة
regiment	fawʒ (m)	فوج
army	ʒayʃ (m)	جيش
division	firqa (f)	فرقة
section, squad	waḥda (f)	وحدة
host (army)	ʒayʃ (m)	جيش
soldier	ʒundiy (m)	جنديّ
officer	ḍābiṭ (m)	ضابط
private	ʒundiy (m)	جنديّ
sergeant	raqīb (m)	رقيب
lieutenant	mulāzim (m)	ملازم
captain	naqīb (m)	نقيب
major	rā'id (m)	رائد
colonel	'aqīd (m)	عقيد
general	ʒinirāl (m)	جنرال
sailor	baḥḥār (m)	بحّار
captain	qubṭān (m)	قبطان
boatswain	ra'īs al baḥḥāra (m)	رئيس البحّارة
artilleryman	madfa'iy (m)	مدفعيّ
paratrooper	ʒundiy al maẓallāt (m)	جنديّ المظلّات
pilot	ṭayyār (m)	طيّار
navigator	mallāḥ (m)	ملّاح
mechanic	mikanīkiy (m)	ميكانيكيّ
pioneer (sapper)	muhandis 'askariy (m)	مهندس عسكريّ
parachutist	miẓalliy (m)	مظلّيّ
reconnaissance scout	mustakʃif (m)	مستكشف
sniper	qannāṣ (m)	قنّاص
patrol (group)	dawriyya (f)	دوريّة
to patrol (vt)	qām bi dawriyya	قام بدوريّة
sentry, guard	ḥāris (m)	حارس
warrior	muḥārib (m)	محارب
patriot	waṭaniy (m)	وطنيّ
hero	baṭal (m)	بطل
heroine	baṭala (f)	بطلة
traitor	χā'in (m)	خائن
to betray (vt)	χān	خان
deserter	hārib min al ʒayʃ (m)	هارب من الجيش
to desert (vi)	harab min al ʒayʃ	هرب من الجيش
mercenary	ma'ʒūr (m)	مأجور

recruit	ʒundiy ʒadīd (m)	جنديّ جديد
volunteer	mutaṭawwi' (m)	متطوّع
dead (n)	qatīl (m)	قتيل
wounded (n)	ʒarīḥ (m)	جريح
prisoner of war	asīr (m)	أسير

112. War. Military actions. Part 1

war	ḥarb (f)	حرب
to be at war	ḥārab	حارب
civil war	ḥarb ahliyya (f)	حرب أهليّة
treacherously (adv)	ɣadran	غدرًا
declaration of war	i'lān ḥarb (m)	إعلان حرب
to declare (~ war)	a'lan	أعلن
aggression	'udwān (m)	عدوان
to attack (invade)	haʒam	هجم
to invade (vt)	iḥtall	إحتلّ
invader	muḥtall (m)	محتلّ
conqueror	fātiḥ (m)	فاتح
defense	difā' (m)	دفاع
to defend (a country, etc.)	dāfa'	دافع
to defend (against ...)	dāfa' 'an nafsih	دافع عن نفسه
enemy	'aduww (m)	عدوّ
foe, adversary	xaṣm (m)	خصم
enemy (as adj)	'aduww	عدوّ
strategy	istratiʒiyya (f)	إستراتيجيّة
tactics	taktīk (m)	تكتيك
order	amr (m)	أمر
command (order)	amr (m)	أمر
to order (vt)	amar	أمر
mission	muhimma (f)	مهمّة
secret (adj)	sirriy	سرّيّ
battle	ma'raka (f)	معركة
combat	qitāl (m)	قتال
attack	huʒūm (m)	هجوم
charge (assault)	inqiḍāḍ (m)	إنقضاض
to storm (vt)	inqaḍḍ	إنقضّ
siege (to be under ~)	ḥiṣār (m)	حصار
offensive (n)	huʒūm (m)	هجوم
to go on the offensive	haʒam	هجم

retreat	insiḥāb (m)	إنسحاب
to retreat (vi)	insaḥab	إنسحب
encirclement	iḥāṭa (f)	إحاطة
to encircle (vt)	aḥāṭ	أحاط
bombing (by aircraft)	qaṣf (m)	قصف
to drop a bomb	asqaṭ qumbula	أسقط قنبلة
to bomb (vt)	qaṣaf	قصف
explosion	infiʒār (m)	إنفجار
shot	ṭalaqa (f)	طلقة
to fire (~ a shot)	aṭlaq an nār	أطلق النار
firing (burst of ~)	iṭlāq an nār (m)	إطلاق النار
to aim (to point a weapon)	ṣawwab	صوّب
to point (a gun)	ṣawwab	صوّب
to hit (the target)	aṣāb al hadaf	أصاب الهدف
to sink (~ a ship)	aɣraq	أغرق
hole (in a ship)	θuqb (m)	ثقب
to founder, to sink (vi)	ɣariq	غرق
front (war ~)	ʒabha (f)	جبهة
evacuation	iχlā' aṭ ṭawāri' (m)	إخلاء الطوارئ
to evacuate (vt)	aχla	أخلى
trench	χandaq (m)	خندق
barbwire	aslāk ʃā'ika (pl)	أسلاك شائكة
barrier (anti tank ~)	ḥāʒiz (m)	حاجز
watchtower	burʒ muraqaba (m)	برج مراقبة
military hospital	mustaʃfa 'askariy (m)	مستشفى عسكريّ
to wound (vt)	ʒaraḥ	جرح
wound	ʒurḥ (m)	جرح
wounded (n)	ʒarīḥ (m)	جريح
to be wounded	uṣīb bil ʒirāḥ	أصيب بالجراح
serious (wound)	χaṭīr	خطير

113. War. Military actions. Part 2

captivity	asr (m)	أسر
to take captive	asar	أسر
to be held captive	kān asīran	كان أسيرًا
to be taken captive	waqa' fil asr	وقع في الأسر
concentration camp	mu'askar i'tiqāl (m)	معسكر إعتقال
prisoner of war	asīr (m)	أسير
to escape (vi)	harab	هرب
to betray (vt)	χān	خان

betrayer	χā'in (m)	خائن
betrayal	χiyāna (f)	خيانة
to execute (by firing squad)	a'dam ramyan bir raṣāṣ	أعدم رميًا بالرصاص
execution (by firing squad)	i'dām ramyan bir raṣāṣ (m)	إعدام رميًا بالرصاص
equipment (military gear)	al 'itād al 'askariy (m)	العتاد العسكريّ
shoulder board	katāfa (f)	كتافة
gas mask	qinā' al ɣāz (m)	قناع الغاز
field radio	ʒihāz lāsilkiy (m)	جهاز لاسلكيّ
cipher, code	ʃifra (f)	شفرة
secrecy	sirriyya (f)	سرّيّة
password	kalimat al murūr (f)	كلمة مرور
land mine	laɣm (m)	لغم
to mine (road, etc.)	laɣɣam	لغّم
minefield	ḥaql alɣām (m)	حقل ألغام
air-raid warning	inðār ʒawwiy (m)	إنذار جوّيّ
alarm (alert signal)	inðār (m)	إنذار
signal	iʃāra (f)	إشارة
signal flare	iʃāra muḍī'a (f)	إشارة مضيئة
headquarters	maqarr (m)	مقرّ
reconnaissance	kaʃʃāfat al istiṭlā' (f)	كشّافة الإستطلاع
situation	waḍ' (m)	وضع
report	taqrīr (m)	تقرير
ambush	kamīn (m)	كمين
reinforcement (of army)	imdādāt 'askariyya (pl)	إمدادات عسكريّة
target	hadaf (m)	هدف
proving ground	ḥaql taʒārib (m)	حقل تجارب
military exercise	munāwarāt 'askariyya (pl)	مناورات عسكريّة
panic	ðu'r (m)	ذعر
devastation	damār (m)	دمار
destruction, ruins	ḥiṭām (pl)	حطام
to destroy (vt)	dammar	دمّر
to survive (vi, vt)	naʒa	نجا
to disarm (vt)	ʒarrad min as silāḥ	جرّد من السلاح
to handle (~ a gun)	ista'mal	إستعمل
Attention!	intibāh!	إنتباه!
At ease!	istariḥ!	إسترح!
act of courage	ma'θara (f)	مأثرة
oath (vow)	qasam (m)	قسم
to swear (an oath)	aqsam	أقسم
decoration (medal, etc.)	wisām (m)	وسام

to award (give medal to)	manaḥ	منح
medal	midāliyya (f)	ميدالية
order (e.g., ~ of Merit)	wisām 'askariy (m)	وسام عسكريّ
victory	intiṣār - fawz (m)	إنتصار, فوز
defeat	hazīma (f)	هزيمة
armistice	hudna (f)	هدنة
standard (battle flag)	rāyat al ma'raka (f)	راية المعركة
glory (honor, fame)	maʒd (m)	مجد
parade	isti'rāḍ 'askariy (m)	إستعراض عسكريّ
to march (on parade)	sār	سار

114. Weapons

weapons	asliḥa (pl)	أسلحة
firearms	asliḥa nāriyya (pl)	أسلحة نارية
cold weapons (knives, etc.)	asliḥa bayḍā' (pl)	أسلحة بيضاء
chemical weapons	asliḥa kīmyā'iyya (pl)	أسلحة كيميائية
nuclear (adj)	nawawiy	نوويّ
nuclear weapons	asliḥa nawawiyya (pl)	أسلحة نووية
bomb	qumbula (f)	قنبلة
atomic bomb	qumbula nawawiyya (f)	قنبلة نووية
pistol (gun)	musaddas (m)	مسدّس
rifle	bunduqiyya (f)	بندقية
submachine gun	bunduqiyya huʒūmiyya (f)	بندقية هجومية
machine gun	raʃʃāʃ (m)	رشاش
muzzle	fūha (f)	فوهة
barrel	sabṭāna (f)	سبطانة
caliber	'iyār (m)	عيار
trigger	zinād (m)	زناد
sight (aiming device)	muṣawwib (m)	مصوّب
magazine	maχzan (m)	مخزن
butt (shoulder stock)	'aqab al bunduqiyya (m)	عقب البندقية
hand grenade	qumbula yadawiyya (f)	قنبلة يدوية
explosive	mawādd mutafaʒʒira (pl)	موادّ متفجّرة
bullet	ruṣāṣa (f)	رصاصة
cartridge	χarṭūʃa (f)	خرطوشة
charge	ḥaʃwa (f)	حشوة
ammunition	ðaχā'ir (pl)	ذخائر
bomber (aircraft)	qāðifat qanābil (f)	قاذفة قنابل
fighter	ṭā'ira muqātila (f)	طائرة مقاتلة

helicopter	hiliukūbtir (m)	هليكوبتر
anti-aircraft gun	madfaθ mudādd liṭ ṭa'irāṭ (m)	مدفع مضادّ للطائرات
tank	dabbāba (f)	دبّابة
tank gun	madfaʻ ad dabbāba (m)	مدفع الدبّابة
artillery	madfaʻiyya (f)	مدفعيّة
gun (cannon, howitzer)	madfaʻ (m)	مدفع
to lay (a gun)	ṣawwab	صوّب
shell (projectile)	qaðīfa (f)	قذيفة
mortar bomb	qumbula hāwun (f)	قنبلة هاون
mortar	hāwun (m)	هاون
splinter (shell fragment)	ʃaẓiyya (f)	شظيّة
submarine	ɣawwāṣa (f)	غوّاصة
torpedo	ṭurbīd (m)	طوربيد
missile	ṣārūx (m)	صاروخ
to load (gun)	haʃa	حشا
to shoot (vi)	aṭlaq an nār	أطلق النار
to point at (the cannon)	ṣawwab	صوّب
bayonet	ḥarba (f)	حربة
rapier	ʃīʃ (m)	شيش
saber (e.g., cavalry ~)	sayf munḥani (m)	سيف منحني
spear (weapon)	rumḥ (m)	رمح
bow	qaws (m)	قوس
arrow	sahm (m)	سهم
musket	muskīt (m)	مسكيت
crossbow	qaws mustaʻraḍ (m)	قوس مستعرض

115. Ancient people

primitive (prehistoric)	bidā'iy	بدائيّ
prehistoric (adj)	ma qabl at tarīx	ما قبل التاريخ
ancient (~ civilization)	qadīm	قديم
Stone Age	al ʻaṣr al ḥaʒariy (m)	العصر الحجريّ
Bronze Age	al ʻaṣr al brunziy (m)	العصر البرونزيّ
Ice Age	al ʻaṣr al ʒalīdiy (m)	العصر الجليديّ
tribe	qabīla (f)	قبيلة
cannibal	'ākil laḥm al baʃar (m)	آكل لحم البشر
hunter	ṣayyād (m)	صيّاد
to hunt (vi, vt)	iṣṭād	إصطاد
mammoth	mamūθ (m)	ماموث
cave	kahf (m)	كهف
fire	nār (f)	نار

campfire	nār muxayyam (m)	نار مخيّم
cave painting	rasm fil kahf (m)	رسم في الكهف
tool (e.g., stone ax)	adāt (f)	أداة
spear	rumḥ (m)	رمح
stone ax	fa's ḥaӡariy (m)	فأس حجريّ
to be at war	ḥārab	حارب
to domesticate (vt)	daӡӡan	دجّن
idol	ṣanam (m)	صنم
to worship (vt)	'abad	عبد
superstition	xurāfa (f)	خرافة
rite	mansak (m)	منسك
evolution	taṭawwur (m)	تطوّر
development	numuww (m)	نموّ
disappearance (extinction)	ixtifā' (m)	إختفاء
to adapt oneself	takayyaf	تكيّف
archeology	'ilm al 'āθār (m)	علم الآثار
archeologist	'ālim 'āθār (m)	عالم آثار
archeological (adj)	aθariy	أثريّ
excavation site	mawqi' ḥafr (m)	موقع حفر
excavations	tanqīb (m)	تنقيب
find (object)	iktiʃāf (m)	إكتشاف
fragment	qiṭ'a (f)	قطعة

116. Middle Ages

people (ethnic group)	ʃa'b (m)	شعب
peoples	ʃu'ūb (pl)	شعوب
tribe	qabīla (f)	قبيلة
tribes	qabā'il (pl)	قبائل
barbarians	al barābira (pl)	البرابرة
Gauls	al ɣalyūn (pl)	الغاليون
Goths	al qūṭiyyūn (pl)	القوطيّون
Slavs	as silāf (pl)	السلاف
Vikings	al vaykinɣ (pl)	الفايكينغ
Romans	ar rūmān (pl)	الرومان
Roman (adj)	rumāniy	رومانيّ
Byzantines	bizanṭiyyūn (pl)	بيزنطيّون
Byzantium	bīzanṭa (f)	بيزنطة
Byzantine (adj)	bizanṭiy	بيزنطيّ
emperor	imbiraṭūr (m)	إمبراطور
leader, chief (tribal ~)	za'īm (m)	زعيم

powerful (~ king)	qawiy	قويّ
king	malik (m)	ملك
ruler (sovereign)	ḥākim (m)	حاكم
knight	fāris (m)	فارس
feudal lord	iqṭā'iy (m)	إقطاعيّ
feudal (adj)	iqṭā'iy	إقطاعيّ
vassal	muqṭa' (m)	مقطع
duke	dūq (m)	دوق
earl	īrl (m)	إيرل
baron	barūn (m)	بارون
bishop	usquf (m)	أسقف
armor	dir' (m)	درع
shield	turs (m)	ترس
sword	sayf (m)	سيف
visor	ḥāffa amāmiyya lil χūða (f)	حافة أماميّة للخوذة
chainmail	dir' az zarad (m)	درع الزرد
Crusade	ḥamla ṣalībiyya (f)	حملة صليبيّة
crusader	ṣalībiy (m)	صليبيّ
territory	arḍ (f)	أرض
to attack (invade)	haǧam	هجم
to conquer (vt)	fataḥ	فتح
to occupy (invade)	iḥtall	إحتلّ
siege (to be under ~)	ḥiṣār (m)	حصار
besieged (adj)	muḥāṣar	محاصر
to besiege (vt)	ḥāṣar	حاصر
inquisition	maḥākim at taftīʃ (pl)	محاكم التفتيش
inquisitor	mufattiʃ (m)	مفتّش
torture	ta'ðīb (m)	تعذيب
cruel (adj)	qās	قاس
heretic	harṭūqiy (m)	هرطوقيّ
heresy	harṭaqa (f)	هرطقة
seafaring	as safar bil baḥr (m)	السفر بالبحر
pirate	qurṣān (m)	قرصان
piracy	qarṣana (f)	قرصنة
boarding (attack)	muhāǧmat safīna (f)	مهاجمة سفينة
loot, booty	γanīma (f)	غنيمة
treasures	kunūz (pl)	كنوز
discovery	iktiʃāf (m)	إكتشاف
to discover (new land, etc.)	iktaʃaf	إكتشف
expedition	ba'θa (f)	بعثة
musketeer	fāris (m)	فارس
cardinal	kardināl (m)	كاردينال

| heraldry | ʃiʿārāt an nabāla (pl) | شعارات النبالة |
| heraldic (adj) | χāṣṣ bi ʃiʿārāt an nabāla | خاصّ بشعارات النبالة |

117. Leader. Chief. Authorities

king	malik (m)	ملك
queen	malika (f)	ملكة
royal (adj)	malakiy	ملكيّ
kingdom	mamlaka (f)	مملكة

| prince | amīr (m) | أمير |
| princess | amīra (f) | أميرة |

president	raʾīs (m)	رئيس
vice-president	nāʾib ar raʾīs (m)	نائب الرئيس
senator	ʿuḍw maʒlis aʃ ʃuyūχ (m)	عضو مجلس الشيوخ

monarch	ʿāhil (m)	عاهل
ruler (sovereign)	ḥākim (m)	حاكم
dictator	diktatūr (m)	ديكتاتور
tyrant	ṭāɣiya (f)	طاغية
magnate	raʾsmāliy kabīr (m)	رأسمالي كبير
director	mudīr (m)	مدير
chief	raʾīs (m)	رئيس
manager (director)	mudīr (m)	مدير
boss	raʾīs (m), mudīr (m)	رئيس, مدير
owner	ṣāḥib (m)	صاحب

leader	zaʿīm (m)	زعيم
head (~ of delegation)	raʾīs (m)	رئيس
authorities	suluṭāt (pl)	سلطات
superiors	ruʾasāʾ (pl)	رؤساء

governor	muḥāfiẓ (m)	محافظ
consul	qunṣul (m)	قنصل
diplomat	diblumāsiy (m)	دبلوماسيّ
mayor	raʾīs al baladiyya (m)	رئيس البلديّة
sheriff	ʃarīf (m)	شريف

emperor	imbiraṭūr (m)	إمبراطور
tsar, czar	qayṣar (m)	قيصر
pharaoh	firʿawn (m)	فرعون
khan	χān (m)	خان

118. Breaking the law. Criminals. Part 1

| bandit | qāṭiʿ ṭarīq (m) | قاطع طريق |
| crime | ʒarīma (f) | جريمة |

criminal (person)	muʒrim (m)	مجرم
thief	sāriq (m)	سارق
to steal (vi, vt)	saraq	سرق
stealing, theft	sirqa (f)	سرقة
to kidnap (vt)	χaṭaf	خطف
kidnapping	χaṭf (m)	خطف
kidnapper	χāṭif (m)	خاطف
ransom	fidya (f)	فدية
to demand ransom	ṭalab fidya	طلب فدية
to rob (vt)	nahab	نهب
robbery	nahb (m)	نهب
robber	nahhāb (m)	نهّاب
to extort (vt)	balṭaʒ	بلطج
extortionist	balṭaʒiy (m)	بلطجي
extortion	balṭaʒa (f)	بلطجة
to murder, to kill	qatal	قتل
murder	qatl (m)	قتل
murderer	qātil (m)	قاتل
gunshot	ṭalaqat nār (f)	طلقة نار
to fire (~ a shot)	aṭlaq an nār	أطلق النار
to shoot to death	qatal bir ruṣāṣ	قتل بالرصاص
to shoot (vi)	aṭlaq an nār	أطلق النار
shooting	iṭlāq an nār (m)	إطلاق النار
incident (fight, etc.)	ḥādiθ (m)	حادث
fight, brawl	'irāk (m)	عراك
Help!	sā'idni	ساعدني!
victim	ḍaḥiyya (f)	ضحيّة
to damage (vt)	atlaf	أتلف
damage	χasāra (f)	خسارة
dead body, corpse	ʒuθθa (f)	جثّة
grave (~ crime)	'anīf	عنيف
to attack (vt)	haʒam	هجم
to beat (to hit)	ḍarab	ضرب
to beat up	ḍarab	ضرب
to take (rob of sth)	salab	سلب
to stab to death	ṭa'an ḥatta al mawt	طعن حتّى الموت
to maim (vt)	ʃawwah	شوّه
to wound (vt)	ʒaraḥ	جرح
blackmail	balṭaʒa (f)	بلطجة
to blackmail (vt)	ibtazz	إبتزّ
blackmailer	mubtazz (m)	مبتزّ
protection racket	naṣb (m)	نصب

racketeer	naṣṣāb (m)	نصّاب
gangster	raʒul ʻiṣāba (m)	رجل عصابة
mafia, Mob	māfia (f)	مافيا
pickpocket	naʃʃāl (m)	نشّال
burglar	liṣṣ buyūt (m)	لصّ بيوت
smuggling	tahrīb (m)	تهريب
smuggler	muharrib (m)	مهرّب
forgery	tazwīr (m)	تزوير
to forge (counterfeit)	zawwar	زوّر
fake (forged)	muzawwar	مزوّر

119. Breaking the law. Criminals. Part 2

rape	iɣtiṣāb (m)	إغتصاب
to rape (vt)	iɣtaṣab	إغتصب
rapist	muɣtaṣib (m)	مغتصب
maniac	mahwūs (m)	مهووس
prostitute (fem.)	ʻāhira (f)	عاهرة
prostitution	daʻāra (f)	دعارة
pimp	qawwād (m)	قوّاد
drug addict	mudmin muxaddirāt (m)	مدمن مخدّرات
drug dealer	tāʒir muxaddirāt (m)	تاجر مخدّرات
to blow up (bomb)	faʒʒar	فجّر
explosion	infiʒār (m)	إنفجار
to set fire	aʃʻal an nār	أشعل النار
arsonist	muʃʻil ḥarīq (m)	مشعل حريق
terrorism	irhāb (m)	إرهاب
terrorist	irhābiy (m)	إرهابي
hostage	rahīna (m)	رهينة
to swindle (deceive)	iḥtāl	إحتال
swindle, deception	iḥtiyāl (m)	إحتيال
swindler	muḥtāl (m)	محتال
to bribe (vt)	raʃa	رشا
bribery	irtiʃāʼ (m)	إرتشاء
bribe	raʃwa (f)	رشوة
poison	samm (m)	سمّ
to poison (vt)	sammam	سمّم
to poison oneself	sammamʻ nafsahu	سمّم نفسه
suicide (act)	intiḥār (m)	إنتحار
suicide (person)	muntaḥir (m)	منتحر

to threaten (vt)	haddad	هدّد
threat	tahdīd (m)	تهديد
to make an attempt	ḥāwal iɣtiyāl	حاول الإغتيال
attempt (attack)	muḥāwalat iɣtiyāl (f)	محاولة إغتيال

| to steal (a car) | saraq | سرق |
| to hijack (a plane) | ixtataf | إختطف |

| revenge | intiqām (m) | إنتقام |
| to avenge (get revenge) | intaqam | إنتقم |

to torture (vt)	'aððab	عذّب
torture	ta'ðīb (m)	تعذيب
to torment (vt)	'aððab	عذّب

pirate	qurṣān (m)	قرصان
hooligan	wabaʃ (m)	وبش
armed (adj)	musallaḥ	مسلّح
violence	'unf (m)	عنف
illegal (unlawful)	ɣayr qānūniy	غير قانونيّ

| spying (espionage) | taʒassas (m) | تجسّس |
| to spy (vi) | taʒassas | تجسّس |

120. Police. Law. Part 1

| justice | qaḍā' (m) | قضاء |
| court (see you in ~) | maḥkama (f) | محكمة |

judge	qāḍi (m)	قاضٍ
jurors	muḥallafūn (pl)	محلّفون
jury trial	qaḍā' al muḥallafīn (m)	قضاء المحلّفين
to judge (vt)	ḥakam	حكم

lawyer, attorney	muḥāmi (m)	محامٍ
defendant	mudda'a 'alayh (m)	مدّعى عليه
dock	qafṣ al ittihām (m)	قفص الإتّهام

| charge | ittihām (m) | إتّهام |
| accused | muttaham (m) | متّهم |

| sentence | ḥukm (m) | حكم |
| to sentence (vt) | ḥakam | حكم |

guilty (culprit)	muðnib (m)	مذنب
to punish (vt)	'āqab	عاقب
punishment	'uqūba (f), 'iqāb (m)	عقوبة، عقاب

| fine (penalty) | ɣarāma (f) | غرامة |
| life imprisonment | siʒn mada al ḥayāt (m) | سجن مدى الحياة |

death penalty	'uqūbat 'i'dām (f)	عقوبة إعدام
electric chair	kursiy kaharabā'iy (m)	كرسي كهربائي
gallows	maʃnaqa (f)	مشنقة

| to execute (vt) | a'dam | أعدم |
| execution | i'dām (m) | إعدام |

| prison, jail | siʒn (m) | سجن |
| cell | zinzāna (f) | زنزانة |

escort	ḥirāsa (f)	حراسة
prison guard	ḥāris siʒn (m)	حارس سجن
prisoner	saʒīn (m)	سجين

| handcuffs | aṣfād (pl) | أصفاد |
| to handcuff (vt) | ṣaffad | صفّد |

prison break	hurūb min as siʒn (m)	هروب من السجن
to break out (vi)	harab	هرب
to disappear (vi)	ixtafa	إختفى
to release (from prison)	axla sabīl	أخلى سبيل
amnesty	'afw 'āmm (m)	عفو عام

police	ʃurṭa (f)	شرطة
police officer	ʃurṭiy (m)	شرطي
police station	qism ʃurṭa (m)	قسم شرطة
billy club	hirāwat aʃ ʃurṭiy (f)	هراوة الشرطي
bullhorn	būq (m)	بوق

patrol car	sayyārat dawrīyyāt (f)	سيارة دوريات
siren	ṣaffārat inðār (f)	صفّارة إنذار
to turn on the siren	atlaq sirīna	أطلق سرينة
siren call	ṣawt sirīna (m)	صوت سرينة

crime scene	masraḥ al ʒarīma (m)	مسرح الجريمة
witness	ʃāhid (m)	شاهد
freedom	ḥurriyya (f)	حرّية
accomplice	ʃarīk fil ʒarīma (m)	شريك في الجريمة
to flee (vi)	harab	هرب
trace (to leave a ~)	aθar (m)	أثر

121. Police. Law. Part 2

search (investigation)	baḥθ (m)	بحث
to look for ...	baḥaθ	بحث
suspicion	ʃubha (f)	شبهة
suspicious (e.g., ~ vehicle)	maʃbūh	مشبوه
to stop (cause to halt)	awqaf	أوقف
to detain (keep in custody)	i'taqal	إعتقل
case (lawsuit)	qaḍiyya (f)	قضية

investigation	taḥqīq (m)	تحقيق
detective	muḥaqqiq (m)	محقّق
investigator	mufattiʃ (m)	مفتّش
hypothesis	riwāya (f)	رواية
motive	dāfiʽ (m)	دافع
interrogation	istiʒwāb (m)	إستجواب
to interrogate (vt)	istaʒwab	إستجوب
to question (~ neighbors, etc.)	istanṭaq	إستنطق
check (identity ~)	faḥṣ (m)	فحص
round-up	ʒamʽ (m)	جمع
search (~ warrant)	taftīʃ (m)	تفتيش
chase (pursuit)	muṭārada (f)	مطاردة
to pursue, to chase	ṭārad	طارد
to track (a criminal)	tābaʽ	تابع
arrest	iʽtiqāl (m)	إعتقال
to arrest (sb)	iʽtaqal	إعتقل
to catch (thief, etc.)	qabaḍ	قبض
capture	qabḍ (m)	قبض
document	waθīqa (f)	وثيقة
proof (evidence)	dalīl (m)	دليل
to prove (vt)	aθbat	أثبت
footprint	baṣma (f)	بصمة
fingerprints	baṣamāt al aṣābiʽ (pl)	بصمات الأصابع
piece of evidence	dalīl (m)	دليل
alibi	dafʽ bil ɣayba (f)	دفع بالغيبة
innocent (not guilty)	barīʼ	بريء
injustice	ẓulm (m)	ظلم
unjust, unfair (adj)	ɣayr ʽādil	غير عادل
criminal (adj)	iʒrāmiy	إجراميّ
to confiscate (vt)	ṣādar	صادر
drug (illegal substance)	muxaddirāt (pl)	مخدّرات
weapon, gun	silāḥ (m)	سلاح
to disarm (vt)	ʒarrad min as silāḥ	جرّد من السلاح
to order (command)	amar	أمر
to disappear (vi)	ixtafa	إختفى
law	qānūn (m)	قانون
legal, lawful (adj)	qānūniy, ʃarʽiy	قانونيّ، شرعيّ
illegal, illicit (adj)	ɣayr qanūny, ɣayr ʃarʽi	غير قانونيّ، غير شرعيّ
responsibility (blame)	masʼūliyya (f)	مسؤوليّة
responsible (adj)	masʼūl (m)	مسؤول

NATURE

The Earth. Part 1

122. Outer space

space	faḍā' (m)	فضاء
space (as adj)	faḍā'iy	فضائيّ
outer space	faḍā' (m)	فضاء
world	'ālam (m)	عالم
universe	al kawn (m)	الكون
galaxy	al maʒarra (f)	المجرّة
star	naʒm (m)	نجم
constellation	burʒ (m)	برج
planet	kawkab (m)	كوكب
satellite	qamar ṣinā'iy (m)	قمر صناعيّ
meteorite	ḥaʒar nayzakiy (m)	حجر نيزكيّ
comet	muðannab (m)	مذنّب
asteroid	kuwaykib (m)	كويكب
orbit	madār (m)	مدار
to revolve (~ around the Earth)	dār	دار
atmosphere	al ɣilāf al ʒawwiy (m)	الغلاف الجوّيّ
the Sun	aʃ ʃams (f)	الشمس
solar system	al maʒmū'a aʃ ʃamsiyya (f)	المجموعة الشمسيّة
solar eclipse	kusūf aʃ ʃams (m)	كسوف الشمس
the Earth	al arḍ (f)	الأرض
the Moon	al qamar (m)	القمر
Mars	al mirrīx (m)	المرّيخ
Venus	az zahra (f)	الزهرة
Jupiter	al muʃtari (m)	المشتري
Saturn	zuḥal (m)	زحل
Mercury	'aṭārid (m)	عطارد
Uranus	urānus (m)	اورانوس
Neptune	nibtūn (m)	نبتون
Pluto	blūtu (m)	بلوتو
Milky Way	darb at tabbāna (m)	درب التبّانة
Great Bear (Ursa Major)	ad dubb al akbar (m)	الدبّ الأكبر

North Star	naʒm al 'quṭb (m)	نجم القطب
Martian	sākin al mirrīx (m)	ساكن المرّيخ
extraterrestrial (n)	faḍā'iy (m)	فضائيّ
alien	faḍā'iy (m)	فضائيّ
flying saucer	ṭabaq ṭā'ir (m)	طبق طائر
spaceship	markaba faḍā'iyya (f)	مركبة فضائيّة
space station	maḥaṭṭat faḍā' (f)	محطّة فضاء
blast-off	intilāq (m)	إنطلاق
engine	mutūr (m)	موتور
nozzle	manfaθ (m)	منفث
fuel	wuqūd (m)	وقود
cockpit, flight deck	kabīna (f)	كابينة
antenna	hawā'iy (m)	هوائيّ
porthole	kuwwa mustadīra (f)	كوّة مستديرة
solar panel	lawḥ ʃamsiy (m)	لوح شمسيّ
spacesuit	baðlat al faḍā' (f)	بذلة الفضاء
weightlessness	in'idām al wazn (m)	إنعدام الوزن
oxygen	uksiʒīn (m)	أكسجين
docking (in space)	rasw (m)	رسو
to dock (vi, vt)	rasa	رسا
observatory	marṣad (m)	مرصد
telescope	tiliskūp (m)	تلسكوب
to observe (vt)	rāqab	راقب
to explore (vt)	istakʃaf	إستكشف

123. The Earth

the Earth	al arḍ (f)	الأرض
the globe (the Earth)	al kura al arḍiyya (f)	الكرة الأرضيّة
planet	kawkab (m)	كوكب
atmosphere	al ɣilāf al ʒawwiy (m)	الغلاف الجوّيّ
geography	ʒuɣrāfiya (f)	جغرافيا
nature	ṭabī'a (f)	طبيعة
globe (table ~)	namūðaʒ lil kura al arḍiyya (m)	نموذج للكرة الأرضيّة
map	xarīṭa (f)	خريطة
atlas	aṭlas (m)	أطلس
Europe	urūbba (f)	أوروبّا
Asia	'āsiya (f)	آسيا
Africa	afrīqiya (f)	أفريقيا
Australia	usturāliya (f)	أستراليا

America	amrīka (f)	أمريكا
North America	amrīka aʃ ʃimāliyya (f)	أمريكا الشماليّة
South America	amrīka al ʒanūbiyya (f)	أمريكا الجنوبيّة
Antarctica	al quṭb al ʒanūbiy (m)	القطب الجنوبيّ
the Arctic	al quṭb aʃ ʃimāliy (m)	القطب الشماليّ

124. Cardinal directions

north	ʃimāl (m)	شمال
to the north	ilaʃ ʃimāl	إلى الشمال
in the north	fiʃ ʃimāl	في الشمال
northern (adj)	ʃimāliy	شماليّ

south	ʒanūb (m)	جنوب
to the south	ilal ʒanūb	إلى الجنوب
in the south	fil ʒanūb	في الجنوب
southern (adj)	ʒanūbiy	جنوبيّ

west	ɣarb (m)	غرب
to the west	ilal ɣarb	إلى الغرب
in the west	fil ɣarb	في الغرب
western (adj)	ɣarbiy	غربيّ

east	ʃarq (m)	شرق
to the east	ilaʃ ʃarq	إلى الشرق
in the east	fiʃ ʃarq	في الشرق
eastern (adj)	ʃarqiy	شرقيّ

125. Sea. Ocean

sea	baḥr (m)	بحر
ocean	muḥīṭ (m)	محيط
gulf (bay)	xalīʒ (m)	خليج
straits	maḍīq (m)	مضيق

land (solid ground)	barr (m)	برّ
continent (mainland)	qārra (f)	قارّة
island	ʒazīra (f)	جزيرة
peninsula	ʃibh ʒazīra (f)	شبه جزيرة
archipelago	maʒmūʿat ʒuzur (f)	مجموعة جزر

bay, cove	xalīʒ (m)	خليج
harbor	mīnā' (m)	ميناء
lagoon	buḥayra ʃāṭi'a (f)	بحيرة شاطئة
cape	ra's (m)	رأس
atoll	ʒazīra marʒāniyya istiwā'iyya (f)	جزيزة مرجانيّة إستوائيّة

reef	ʃiʻāb (pl)	شعاب
coral	murǧān (m)	مرجان
coral reef	ʃiʻāb marǧāniyya (pl)	شعاب مرجانيّة
deep (adj)	ʻamīq	عميق
depth (deep water)	ʻumq (m)	عمق
abyss	mahwāt (f)	مهواة
trench (e.g., Mariana ~)	xandaq (m)	خندق
current (Ocean ~)	tayyār (m)	تيّار
to surround (bathe)	aḥāṭ	أحاط
shore	sāḥil (m)	ساحل
coast	sāḥil (m)	ساحل
flow (flood tide)	madd (m)	مدّ
ebb (ebb tide)	ǧazr (m)	جزر
shoal	miyāh ḍaḥla (f)	مياه ضحلة
bottom (~ of the sea)	qāʻ (m)	قاع
wave	mawǧa (f)	موجة
crest (~ of a wave)	qimmat mawǧa (f)	قمّة موجة
spume (sea foam)	zabad al baḥr (m)	زبد البحر
storm (sea storm)	ʻāṣifa (f)	عاصفة
hurricane	iʻṣār (m)	إعصار
tsunami	tsunāmi (m)	تسونامي
calm (dead ~)	hudūʼ (m)	هدوء
quiet, calm (adj)	hādiʼ	هادئ
pole	quṭb (m)	قطب
polar (adj)	quṭby	قطبيّ
latitude	ʻarḍ (m)	عرض
longitude	ṭūl (m)	طول
parallel	mutawāzi (m)	متواز
equator	xaṭṭ al istiwāʼ (m)	خط الإستواء
sky	samāʼ (f)	سماء
horizon	ufuq (m)	أفق
air	hawāʼ (m)	هواء
lighthouse	manāra (f)	منارة
to dive (vi)	ɣāṣ	غاص
to sink (ab. boat)	ɣariq	غرق
treasures	kunūz (pl)	كنوز

126. Seas' and Oceans' names

Atlantic Ocean	al muḥīṭ al aṭlasiy (m)	المحيط الأطلسيّ
Indian Ocean	al muḥīṭ al hindiy (m)	المحيط الهنديّ

| Pacific Ocean | al muḥīṭ al hādi' (m) | المحيط الهادئ |
| Arctic Ocean | al muḥīṭ il mutaʒammid aʃʃimāliy (m) | المحيط المتجمّد الشماليّ |

Black Sea	al baḥr al aswad (m)	البحر الأسود
Red Sea	al baḥr al aḥmar (m)	البحر الأحمر
Yellow Sea	al baḥr al aṣfar (m)	البحر الأصفر
White Sea	al baḥr al abyaḍ (m)	البحر الأبيض

Caspian Sea	baḥr qazwīn (m)	بحر قزوين
Dead Sea	al baḥr al mayyit (m)	البحر الميّت
Mediterranean Sea	al baḥr al abyaḍ al mutawassiṭ (m)	البحر الأبيض المتوسّط

| Aegean Sea | baḥr 'īʒah (m) | بحر إيجة |
| Adriatic Sea | al baḥr al adriyatīkiy (m) | البحر الأدرياتيكيّ |

Arabian Sea	baḥr al 'arab (m)	بحر العرب
Sea of Japan	baḥr al yabān (m)	بحر اليابان
Bering Sea	baḥr birinʒ (m)	بحر بيرينغ
South China Sea	baḥr aṣ ṣīn al ʒanūbiy (m)	بحر الصين الجنوبيّ

Coral Sea	baḥr al marʒān (m)	بحر المرجان
Tasman Sea	baḥr tasmān (m)	بحر تسمان
Caribbean Sea	al baḥr al karībiy (m)	البحر الكاريبيّ

| Barents Sea | baḥr barints (m) | بحر بارينس |
| Kara Sea | baḥr kara (m) | بحر كارا |

North Sea	baḥr aʃʃimāl (m)	بحر الشمال
Baltic Sea	al baḥr al balṭīq (m)	البحر البلطيق
Norwegian Sea	baḥr an narwīʒ (m)	بحر النرويج

127. Mountains

mountain	ʒabal (m)	جبل
mountain range	silsilat ʒibāl (f)	سلسلة جبال
mountain ridge	qimam ʒabaliyya (pl)	قمم جبليّة

summit, top	qimma (f)	قمّة
peak	qimma (f)	قمّة
foot (~ of the mountain)	asfal (m)	أسفل
slope (mountainside)	munḥadar (m)	منحدر

volcano	burkān (m)	بركان
active volcano	burkān naʃiṭ (m)	بركان نشط
dormant volcano	burkān xāmid (m)	بركان خامد

| eruption | θawrān (m) | ثوران |
| crater | fūhat al burkān (f) | فوهة البركان |

magma	māɣma (f)	ماغما
lava	humam burkāniyya (pl)	حمم بركانية
molten (~ lava)	munṣahira	منصهرة
canyon	tal'a (m)	تلعة
gorge	wādi ḍayyiq (m)	واد ضيّق
crevice	ʃaqq (m)	شقّ
abyss (chasm)	hāwiya (f)	هاوية
pass, col	mamarr ʒabaliy (m)	ممرّ جبليّ
plateau	haḍba (f)	هضبة
cliff	ʒurf (m)	جرف
hill	tall (m)	تلّ
glacier	nahr ʒalīdiy (m)	نهر جليديّ
waterfall	ʃallāl (m)	شلّال
geyser	fawwāra ḥārra (m)	فوّارة حارّة
lake	buḥayra (f)	بحيرة
plain	sahl (m)	سهل
landscape	manẓar ṭabī'iy (m)	منظر طبيعيّ
echo	ṣada (m)	صدى
alpinist	mutasalliq al ʒibāl (m)	متسلّق الجبال
rock climber	mutasalliq ṣuxūr (m)	متسلّق صخور
to conquer (in climbing)	taɣallab 'ala	تغلب على
climb (an easy ~)	tasalluq (m)	تسلّق

128. Mountains names

The Alps	ʒibāl al alb (pl)	جبال الألب
Mont Blanc	mūn blūn (m)	مون بلون
The Pyrenees	ʒibāl al barānis (pl)	جبال البرانس
The Carpathians	ʒibāl al karbāt (pl)	جبال الكاربات
The Ural Mountains	ʒibāl al 'ūrāl (pl)	جبال الأورال
The Caucasus Mountains	ʒibāl al qawqāz (pl)	جبال القوقاز
Mount Elbrus	ʒabal ilbrūs (m)	جبل إلبروس
The Altai Mountains	ʒibāl altāy (pl)	جبال ألتاي
The Tian Shan	ʒibāl tian ʃan (pl)	جبال تيان شان
The Pamir Mountains	ʒibāl bamīr (pl)	جبال بامير
The Himalayas	himalāya (pl)	هيمالايا
Mount Everest	ʒabal ivirist (m)	جبل افرست
The Andes	ʒibāl al andīz (pl)	جبال الأنديز
Mount Kilimanjaro	ʒabal kilimanʒāru (m)	جبل كليمنجارو

129. Rivers

river	nahr (m)	نهر
spring (natural source)	'ayn (m)	عين
riverbed (river channel)	maʒra an nahr (m)	مجرى النهر
basin (river valley)	ḥawḍ (m)	حوض
to flow into ...	ṣabb fi ...	صبّ في...
tributary	rāfid (m)	رافد
bank (of river)	ḍiffa (f)	ضفة
current (stream)	tayyār (m)	تيّار
downstream (adv)	f ittiʒāh maʒra an nahr	في إتجاه مجرى النهر
upstream (adv)	ḍidd at tayyār	ضدّ التيّار
inundation	ɣamr (m)	غمر
flooding	fayaḍān (m)	فيضان
to overflow (vi)	fāḍ	فاض
to flood (vt)	ɣamar	غمر
shallow (shoal)	miyāh ḍaḥla (f)	مياه ضحلة
rapids	munḥadar an nahr (m)	منحدر النهر
dam	sadd (m)	سدّ
canal	qanāt (f)	قناة
reservoir (artificial lake)	xazzān mā'iy (m)	خزّان مائيّ
sluice, lock	hawīs (m)	هويس
water body (pond, etc.)	masṭaḥ mā'iy (m)	مسطح مائيّ
swamp (marshland)	mustanqaʕ (m)	مستنقع
bog, marsh	mustanqaʕ (m)	مستنقع
whirlpool	dawwāma (f)	دوّامة
stream (brook)	ʒadwal mā'iy (m)	جدول مائيّ
drinking (ab. water)	aʃʃurb	الشرب
fresh (~ water)	ʕaðb	عذب
ice	ʒalīd (m)	جليد
to freeze over (ab. river, etc.)	taʒammad	تجمّد

130. Rivers' names

Seine	nahr as sīn (m)	نهر السين
Loire	nahr al lua:r (m)	نهر اللوار
Thames	nahr at tīmz (m)	نهر التيمز
Rhine	nahr ar rayn (m)	نهر الراين
Danube	nahr ad danūb (m)	نهر الدانوب

Volga	nahr al vulɣa (m)	نهر الفولغا
Don	nahr ad dūn (m)	نهر الدون
Lena	nahr līna (m)	نهر لينا
Yellow River	an nahr al aṣfar (m)	النهر الأصفر
Yangtze	nahr al yanɣtsi (m)	نهر اليانغتسي
Mekong	nahr al mikunɣ (m)	نهر الميكونغ
Ganges	nahr al ɣānʒ (m)	نهر الغانج
Nile River	nahr an nīl (m)	نهر النيل
Congo River	nahr al kunɣu (m)	نهر الكونغو
Okavango River	nahr ukavanʒu (m)	نهر اوكافانجو
Zambezi River	nahr az zambizi (m)	نهر الزمبيزي
Limpopo River	nahr limbubu (m)	نهر ليمبوبو
Mississippi River	nahr al mississibbi (m)	نهر الميسيسيبي

131. Forest

forest, wood	ɣāba (f)	غابة
forest (as adj)	ɣāba	غابة
thick forest	ɣāba kaθīfa (f)	غابة كثيفة
grove	ɣāba ṣaɣīra (f)	غابة صغيرة
forest clearing	minṭaqa uzīlat minha al aʃʒār (f)	منطقة أزيلت منها الأشجار
thicket	aʒama (f)	أجمة
scrubland	ʃuʒayrāt (pl)	شجيرات
footpath (troddenpath)	mamarr (m)	ممرّ
gully	wādi ḍayyiq (m)	واد ضيّق
tree	ʃaʒara (f)	شجرة
leaf	waraqa (f)	ورقة
leaves (foliage)	waraq (m)	ورق
fall of leaves	tasāquṭ al awrāq (m)	تساقط الأوراق
to fall (ab. leaves)	saqaṭ	سقط
top (of the tree)	ra's (m)	رأس
branch	ɣuṣn (m)	غصن
bough	ɣuṣn (m)	غصن
bud (on shrub, tree)	bur'um (m)	برعم
needle (of pine tree)	ʃawka (f)	شوكة
pine cone	kūz aṣ ṣanawbar (m)	كوز الصنوبر
hollow (in a tree)	ʒawf (m)	جوف
nest	'uʃʃ (m)	عشّ
burrow (animal hole)	ʒuḥr (m)	جحر
trunk	ʒiðʻ (m)	جذع

root	ʒiðr (m)	جذر
bark	liḥā' (m)	لحاء
moss	ṭuḥlub (m)	طحلب
to uproot (remove trees or tree stumps)	iqtalaʻ	إقتلع
to chop down	qaṭaʻ	قطع
to deforest (vt)	azāl al ɣābāt	أزال الغابات
tree stump	ʒiðʻ aʃʃaʒara (m)	جذع الشجرة
campfire	nār muxayyam (m)	نار مخيّم
forest fire	ḥarīq ɣāba (m)	حريق غابة
to extinguish (vt)	aṭfa'	أطفأ
forest ranger	ḥāris al ɣāba (m)	حارس الغابة
protection	ḥimāya (f)	حماية
to protect (~ nature)	ḥama	حمى
poacher	sāriq aṣ ṣayd (m)	سارق الصيد
steel trap	maṣyada (f)	مصيدة
to gather, to pick (vt)	ʒamaʻ	جمع
to lose one's way	tāh	تاه

132. Natural resources

natural resources	θarawāt ṭabīʻiyya (pl)	ثروات طبيعيّة
minerals	maʻādin (pl)	معادن
deposits	makāmin (pl)	مكامن
field (e.g., oilfield)	ḥaql (m)	حقل
to mine (extract)	istaxraʒ	إستخرج
mining (extraction)	istixrāʒ (m)	إستخراج
ore	xām (m)	خام
mine (e.g., for coal)	manʒam (m)	منجم
shaft (mine ~)	manʒam (m)	منجم
miner	ʻāmil manʒam (m)	عامل منجم
gas (natural ~)	ɣāz (m)	غاز
gas pipeline	xaṭṭ anābīb ɣāz (m)	خط أنابيب غاز
oil (petroleum)	nafṭ (m)	نفط
oil pipeline	anābīb an nafṭ (pl)	أنابيب النفط
oil well	bi'r an nafṭ (m)	بئر النفط
derrick (tower)	ḥaffāra (f)	حفّارة
tanker	nāqilat an nafṭ (f)	ناقلة النفط
sand	raml (m)	رمل
limestone	ḥaʒar kalsiy (m)	حجر كلسيّ
gravel	ḥaṣa (m)	حصى
peat	xaθθ faḥm nabātiy (m)	خثّ فحم نباتيّ

clay	ṭīn (m)	طين
coal	faḥm (m)	فحم
iron (ore)	ḥadīd (m)	حديد
gold	ðahab (m)	ذهب
silver	fiḍḍa (f)	فضّة
nickel	nikil (m)	نيكل
copper	nuḥās (m)	نحاس
zinc	zink (m)	زنك
manganese	manɣanīz (m)	منفنيز
mercury	zi'baq (m)	زئبق
lead	ruṣāṣ (m)	رصاص
mineral	ma'dan (m)	معدن
crystal	ballūra (f)	بلّورة
marble	ruxām (m)	رخام
uranium	yurānuim (m)	يورانيوم

The Earth. Part 2

133. Weather

weather	ṭaqs (m)	طقس
weather forecast	naʃra ʒawwiyya (f)	نشرة جوّيّة
temperature	ḥarāra (f)	حرارة
thermometer	tirmūmitr (m)	ترمومتر
barometer	barūmitr (m)	بارومتر
humid (adj)	raṭib	رطب
humidity	ruṭūba (f)	رطوبة
heat (extreme ~)	ḥarāra (f)	حرارة
hot (torrid)	ḥārr	حارّ
it's hot	al ʒaww ḥārr	الجوّ حارّ
it's warm	al ʒaww dāfi'	الجوّ دافئ
warm (moderately hot)	dāfi'	دافئ
it's cold	al ʒaww bārid	الجوّ بارد
cold (adj)	bārid	بارد
sun	ʃams (f)	شمس
to shine (vi)	aḍā'	أضاء
sunny (day)	muʃmis	مشمس
to come up (vi)	ʃaraq	شرق
to set (vi)	ɣarab	غرب
cloud	saḥāba (f)	سحابة
cloudy (adj)	ɣā'im	غائم
rain cloud	saḥābat maṭar (f)	سحابة مطر
somber (gloomy)	ɣā'im	غائم
rain	maṭar (m)	مطر
it's raining	innaha tamṭur	إنّها تمطر
rainy (~ day, weather)	mumṭir	ممطر
to drizzle (vi)	raðð	رذّ
pouring rain	maṭar munhamir (f)	مطر منهمر
downpour	maṭar ɣazīr (m)	مطر غزير
heavy (e.g., ~ rain)	ʃadīd	شديد
puddle	birka (f)	بركة
to get wet (in rain)	ibtall	إبتلّ
fog (mist)	ḍabāb (m)	ضباب
foggy	muḍabbab	مضبّب

snow	θalʒ (m)	ثلج
it's snowing	innaha taθluʒ	إنّها تثلج

134. Severe weather. Natural disasters

thunderstorm	'āṣifa ra'diyya (f)	عاصفة رعديّة
lightning (~ strike)	barq (m)	برق
to flash (vi)	baraq	برق
thunder	ra'd (m)	رعد
to thunder (vi)	ra'ad	رعد
it's thundering	tar'ad as samā'	ترعد السماء
hail	maṭar bard (m)	مطر برد
it's hailing	tamṭur as samā' bardan	تمطر السماء بردًا
to flood (vt)	ɣamar	غمر
flood, inundation	fayaḍān (m)	فيضان
earthquake	zilzāl (m)	زلزال
tremor, quake	hazza arḍiyya (f)	هزّة أرضيّة
epicenter	markaz az zilzāl (m)	مركز الزلزال
eruption	θawrān (m)	ثوران
lava	ḥumam burkāniyya (pl)	حمم بركانيّة
twister, tornado	i'ṣār (m)	إعصار
typhoon	ṭūfān (m)	طوفان
hurricane	i'ṣār (m)	إعصار
storm	'āṣifa (f)	عاصفة
tsunami	tsunāmi (m)	تسونامي
cyclone	i'ṣār (m)	إعصار
bad weather	ṭaqs sayyi' (m)	طقس سيّء
fire (accident)	ḥarīq (m)	حريق
disaster	kāriθa (f)	كارثة
meteorite	ḥaʒar nayzakiy (m)	حجر نيزكيّ
avalanche	inhiyār θalʒiy (m)	إنهيار ثلجيّ
snowslide	inhiyār θalʒiy (m)	إنهيار ثلجيّ
blizzard	'āṣifa θalʒiyya (f)	عاصفة ثلجيّة
snowstorm	'āṣifa θalʒiyya (f)	عاصفة ثلجيّة

Fauna

135. Mammals. Predators

predator	ḥayawān muftaris (m)	حيوان مفترس
tiger	namir (m)	نمر
lion	asad (m)	أسد
wolf	ðiʾb (m)	ذئب
fox	θaʿlab (m)	ثعلب
jaguar	namir amrīkiy (m)	نمر أمريكيّ
leopard	fahd (m)	فهد
cheetah	namir ṣayyād (m)	نمر صيّاد
black panther	namir aswad (m)	نمر أسود
puma	būma (m)	بوما
snow leopard	namir aθ θulūʒ (m)	نمر الثلوج
lynx	waʃaq (m)	وشق
coyote	qayūṭ (m)	قيوط
jackal	ibn ʾāwa (m)	ابن آوى
hyena	ḍabuʿ (m)	ضبع

136. Wild animals

animal	ḥayawān (m)	حيوان
beast (animal)	ḥayawān (m)	حيوان
squirrel	sinʒāb (m)	سنجاب
hedgehog	qumfuð (m)	قنفذ
hare	arnab barriy (m)	أرنب برّيّ
rabbit	arnab (m)	أرنب
badger	ɣarīr (m)	غرير
raccoon	rākūn (m)	راكون
hamster	qidād (m)	قداد
marmot	marmuṭ (m)	مرموط
mole	xuld (m)	خلد
mouse	faʾr (m)	فأر
rat	ʒurað (m)	جرذ
bat	xuffāʃ (m)	خفّاش
ermine	qāqum (m)	قاقم
sable	sammūr (m)	سمّور

marten	dalaq (m)	دلق
weasel	ibn 'irs (m)	إبن عرس
mink	mink (m)	منك

beaver	qundus (m)	قندس
otter	quḍā'a (f)	قضاعة

horse	hiṣān (m)	حصان
moose	mūz (m)	موظ
deer	ayyil (m)	أيّل
camel	ʒamal (m)	جمل

bison	bisūn (m)	بيسون
aurochs	θawr barriy (m)	ثور برّيّ
buffalo	ʒāmūs (m)	جاموس

zebra	ḥimār zarad (m)	حمار زرد
antelope	ẓabiy (m)	ظبي
roe deer	yaḥmūr (m)	يحمور
fallow deer	ayyil asmar urubbiy (m)	أيّل أسمر أوروبيّ
chamois	ʃamwāh (f)	شامواه
wild boar	xinzīr barriy (m)	خنزير برّيّ

whale	ḥūt (m)	حوت
seal	fuqma (f)	فقمة
walrus	faẓẓ (m)	فظّ
fur seal	fuqmat al firā' (f)	فقمة الفراء
dolphin	dilfīn (m)	دلفين

bear	dubb (m)	دبّ
polar bear	dubb quṭbiy (m)	دبّ قطبيّ
panda	bānda (m)	باندا

monkey	qird (m)	قرد
chimpanzee	ʃimbanzi (m)	شيمبانزي
orangutan	urangutān (m)	أورنغوتان
gorilla	ɣurīlla (f)	غوريلا
macaque	qird al makāk (m)	قرد المكاك
gibbon	ʒibbūn (m)	جيبون

elephant	fīl (m)	فيل
rhinoceros	xartīt (m)	خرتيت
giraffe	zarāfa (f)	زرافة
hippopotamus	faras an nahr (m)	فرس النهر

kangaroo	kanɣar (m)	كنغر
koala (bear)	kuala (m)	كوالا

mongoose	nims (m)	نمس
chinchilla	ʃinʃīla (f)	شنشيلة
skunk	ẓaribān (m)	ظربان
porcupine	nīṣ (m)	نيص

137. Domestic animals

cat	qiṭṭa (f)	قطة
tomcat	ðakar al qiṭṭ (m)	ذكر القط
dog	kalb (m)	كلب
horse	hiṣān (m)	حصان
stallion (male horse)	fahl al ҳayl (m)	فحل الخيل
mare	unθa al faras (f)	أنثى الفرس
cow	baqara (f)	بقرة
bull	θawr (m)	ثور
ox	θawr (m)	ثور
sheep (ewe)	ҳarūf (f)	خروف
ram	kabʃ (m)	كبش
goat	mā'iz (m)	ماعز
billy goat, he-goat	ðakar al mā'iðˈ (m)	ذكر الماعز
donkey	himār (m)	حمار
mule	baɣl (m)	بغل
pig, hog	ҳinzīr (m)	خنزير
piglet	ҳannūṣ (m)	خنّوص
rabbit	arnab (m)	أرنب
hen (chicken)	daʒāʒa (f)	دجاجة
rooster	dīk (m)	ديك
duck	baṭṭa (f)	بطة
drake	ðakar al baṭṭ (m)	ذكر البط
goose	iwazza (f)	إوزة
tom turkey, gobbler	dīk rūmiy (m)	ديك رومي
turkey (hen)	daʒāʒ rūmiy (m)	دجاج رومي
domestic animals	hayawānāt dawāʒin (pl)	حيوانات دواجن
tame (e.g., ~ hamster)	alīf	أليف
to tame (vt)	allaf	ألّف
to breed (vt)	rabba	ربّى
farm	mazra'a (f)	مزرعة
poultry	ṭuyūr dāʒina (pl)	طيور داجنة
cattle	māʃiya (f)	ماشية
herd (cattle)	qaṭīˈ (m)	قطيع
stable	isṭabl ҳayl (m)	إسطبل خيل
pigpen	haẓīrat al ҳanāzīr (f)	حظيرة الخنازير
cowshed	zirībat al baqar (f)	زريبة البقر
rabbit hutch	qunn al arānib (m)	قنّ الأرانب
hen house	qunn ad daʒāʒ (m)	قن الدجاج

138. Birds

bird	ṭā'ir (m)	طائر
pigeon	ḥamāma (f)	حمامة
sparrow	'uṣfūr (m)	عصفور
tit (great tit)	qurquf (m)	قرقف
magpie	'aq'aq (m)	عقعق
raven	ɣurāb aswad (m)	غراب أسود
crow	ɣurāb (m)	غراب
jackdaw	zāɣ (m)	زاغ
rook	ɣurāb al qayẓ (m)	غراب القيظ
duck	baṭṭa (f)	بطة
goose	iwazza (f)	إوزة
pheasant	tadarruʒ (m)	تدرج
eagle	nasr (m)	نسر
hawk	bāz (m)	باز
falcon	ṣaqr (m)	صقر
vulture	raxam (m)	رخم
condor (Andean ~)	kundūr (m)	كندور
swan	timma (m)	تمّة
crane	kurkiy (m)	كركي
stork	laqlaq (m)	لقلق
parrot	babaɣā' (m)	ببغاء
hummingbird	ṭannān (m)	طنّان
peacock	ṭāwūs (m)	طاووس
ostrich	na'āma (f)	نعامة
heron	balaʃūn (m)	بلشون
flamingo	nuḥām wardiy (m)	نحام ورديّ
pelican	baʒa'a (f)	بجعة
nightingale	bulbul (m)	بلبل
swallow	sunūnū (m)	سنونو
thrush	sumna (m)	سمنة
song thrush	summuna muɣarrida (m)	سمنة مغرّدة
blackbird	ʃaḥrūr aswad (m)	شحرور أسود
swift	samāma (m)	سمامة
lark	qubbara (f)	قبّرة
quail	sammān (m)	سمّان
woodpecker	naqqār al xaʃab (m)	نقّار الخشب
cuckoo	waqwāq (m)	وقواق
owl	būma (f)	بومة
eagle owl	būm urāsiy (m)	بوم أوراسيّ

wood grouse	dīk il χalanʒ (m)	ديك الخلنج
black grouse	ṭayhūʒ aswad (m)	طيهوج أسود
partridge	haʒal (m)	حجل
starling	zurzūr (m)	زرزور
canary	kanāriy (m)	كَنَارِيّ
hazel grouse	ṭayhūʒ il bunduq (m)	طيهوج البندق
chaffinch	ʃurʃūr (m)	شرشور
bullfinch	diχnāʃ (m)	دغناش
seagull	nawras (m)	نورس
albatross	al qaṭras (m)	القطرس
penguin	biṭrīq (m)	بطريق

139. Fish. Marine animals

bream	abramīs (m)	أبراميس
carp	ʃabbūṭ (m)	شبّوط
perch	farχ (m)	فرخ
catfish	qarmūṭ (m)	قرموط
pike	samak al karāki (m)	سمك الكراكي
salmon	salmūn (m)	سلمون
sturgeon	haʃʃ (m)	حفش
herring	rinʒa (f)	رنجة
Atlantic salmon	salmūn aṭlasiy (m)	سلمون أطلسيّ
mackerel	usqumriy (m)	أسقمريّ
flatfish	samak mufalṭaḥ (f)	سمك مفلطح
zander, pike perch	samak sandar (m)	سمك سندر
cod	qudd (m)	قدّ
tuna	tūna (f)	تونة
trout	salmūn muraqqaṭ (m)	سلمون مرقط
eel	hankalīs (m)	حنكليس
electric ray	ra"ād (m)	رعّاد
moray eel	murāy (m)	موراي
piranha	birāna (f)	بيرانا
shark	qirʃ (m)	قرش
dolphin	dilfīn (m)	دلفين
whale	ḥūt (m)	حوت
crab	salṭa'ūn (m)	سلطعون
jellyfish	qindīl al baḥr (m)	قنديل البحر
octopus	uχṭubūṭ (m)	أخطبوط
starfish	naʒmat al baḥr (f)	نجمة البحر
sea urchin	qumfuð al baḥr (m)	قنفذ البحر

seahorse	ḥiṣān al baḥr (m)	فرس البحر
oyster	maḥār (m)	محار
shrimp	ʒambari (m)	جمبري
lobster	istakūza (f)	إستكوزا
spiny lobster	karkand ʃāik (m)	كركند شائك

140. Amphibians. Reptiles

snake	θuʻbān (m)	ثعبان
venomous (snake)	sāmm	سامّ
viper	afʻa (f)	أفعى
cobra	kūbra (m)	كوبرا
python	biθūn (m)	بيثون
boa	buwāʼ (f)	بواء
grass snake	θuʻbān al ʻuʃb (m)	ثعبان العشب
rattle snake	afʻa al ʒalʒala (f)	أفعى الجلجلة
anaconda	anakūnda (f)	أناكوندا
lizard	siḥliyya (f)	سحليّة
iguana	iɣwāna (f)	إغوانة
monitor lizard	waral (m)	ورل
salamander	samandar (m)	سمندر
chameleon	ḥirbāʼ (f)	حرباء
scorpion	ʻaqrab (m)	عقرب
turtle	sulaḥfāt (f)	سلمفاة
frog	ḍifdaʻ (m)	ضفدع
toad	ḍifdaʻ aṭ ṭīn (m)	ضفدع الطين
crocodile	timsāḥ (m)	تمساح

141. Insects

insect, bug	ḥaʃara (f)	حشرة
butterfly	farāʃa (f)	فراشة
ant	namla (f)	نملة
fly	ðubāba (f)	ذبابة
mosquito	namūsa (f)	ناموسة
beetle	χunfusa (f)	خنفسة
wasp	dabbūr (m)	دبّور
bee	naḥla (f)	نحلة
bumblebee	naḥla ṭannāna (f)	نحلة طنّانة
gadfly (botfly)	naʻra (f)	نعرة
spider	ʻankabūt (m)	عنكبوت
spiderweb	nasīʒ ʻankabūt (m)	نسيج عنكبوت

dragonfly	ya'sūb (m)	يعسوب
grasshopper	ʒarād (m)	جراد
moth (night butterfly)	'itta (f)	عتّة
cockroach	ṣurṣūr (m)	صرصور
tick	qurāda (f)	قرادة
flea	burɣūθ (m)	برغوث
midge	ba'ūḍa (f)	بعوضة
locust	ʒarād (m)	جراد
snail	ḥalzūn (m)	حلزون
cricket	ṣarrār al layl (m)	صرّار الليل
lightning bug	yarā'a muḍī'a (f)	يراعة مضيئة
ladybug	da'sūqa (f)	دعسوقة
cockchafer	χunfusa kabīra (f)	خنفسة كبيرة
leech	'alaqa (f)	علقة
caterpillar	yasrū' (m)	يسروع
earthworm	dūda (f)	دودة
larva	yaraqa (f)	يرقة

Flora

142. Trees

tree	ʃaʒara (f)	شجرة
deciduous (adj)	nafḍiyya	نفضيّة
coniferous (adj)	ṣanawbariyya	صنوبريّة
evergreen (adj)	dā'imat al xuḍra	دائمة الخضرة
apple tree	ʃaʒarat tuffāḥ (f)	شجرة تفّاح
pear tree	ʃaʒarat kummaθra (f)	شجرة كمّثرى
cherry tree	ʃaʒarat karaz (f)	شجرة كرز
plum tree	ʃaʒarat barqūq (f)	شجرة برقوق
birch	batūla (f)	بتولا
oak	ballūṭ (f)	بلّوط
linden tree	ʃaʒarat zayzafūn (f)	شجرة زيزفون
aspen	ḥawr raʒrāʒ (m)	حور رجراج
maple	qayqab (f)	قيقب
spruce	ratinaʒ (f)	راتينج
pine	ṣanawbar (f)	صنوبر
larch	arziyya (f)	أرزيّة
fir tree	tannūb (f)	تنّوب
cedar	arz (f)	أرز
poplar	ḥawr (f)	حور
rowan	ɣubayrā' (f)	غبيراء
willow	ṣafṣāf (f)	صفصاف
alder	ʒār il mā' (m)	جار الماء
beech	zān (m)	زان
elm	dardār (f)	دردار
ash (tree)	marān (f)	مران
chestnut	kastanā' (f)	كستناء
magnolia	maɣnūliya (f)	مغنوليا
palm tree	naxla (f)	نخلة
cypress	sarw (f)	سرو
mangrove	ayka sāḥiliyya (f)	أيكة ساحليّة
baobab	bāubāb (f)	باوباب
eucalyptus	ukaliptus (f)	أوكاليبتوس
sequoia	siqūya (f)	سيكويا

143. Shrubs

bush	ʃuʒayra (f)	شجيرة
shrub	ʃuʒayrāt (pl)	شجيرات
grapevine	karma (f)	كرمة
vineyard	karam (m)	كرم
raspberry bush	tūt al ʻullayq al aḥmar (m)	توت العليق الأحمر
redcurrant bush	kiʃmiʃ aḥmar (m)	كشمش أحمر
gooseberry bush	ʻinab aθ θaʻlab (m)	عنب الثعلب
acacia	sanṭ (f)	سنط
barberry	amīr barīs (m)	أمير باريس
jasmine	yāsmīn (m)	ياسمين
juniper	ʻarʻar (m)	عرعر
rosebush	ʃuʒayrat ward (f)	شجيرة ورد
dog rose	ward ʒabaliy (m)	ورد جبليّ

144. Fruits. Berries

fruit	θamra (f)	ثمرة
fruits	θamr (m)	ثمر
apple	tuffāḥa (f)	تفاحة
pear	kummaθra (f)	كمّثرى
plum	barqūq (m)	برقوق
strawberry (garden ~)	farawla (f)	فراولة
cherry	karaz (m)	كرز
grape	ʻinab (m)	عنب
raspberry	tūt al ʻullayq al aḥmar (m)	توت العليق الأحمر
blackcurrant	ʻinab aθ θaʻlab al aswad (m)	عنب الثعلب الأسود
redcurrant	kiʃmiʃ aḥmar (m)	كشمش أحمر
gooseberry	ʻinab aθ θaʻlab (m)	عنب الثعلب
cranberry	tūt aḥmar barriy (m)	توت أحمر برّيّ
orange	burtuqāl (m)	برتقال
mandarin	yūsufiy (m)	يوسفي
pineapple	ananās (m)	أناناس
banana	mawz (m)	موز
date	tamr (m)	تمر
lemon	laymūn (m)	ليمون
apricot	miʃmiʃ (f)	مشمش
peach	durrāq (m)	دراق
kiwi	kiwi (m)	كيوي

grapefruit	zinbāʿ (m)	زنباع
berry	ḥabba (f)	حبّة
berries	ḥabbāt (pl)	حبّات
cowberry	ʿinab aθ θawr (m)	عنب الثور
wild strawberry	farāwla barriyya (f)	فراولة برّية
bilberry	ʿinab al aḥrāʒ (m)	عنب الأحراج

145. Flowers. Plants

flower	zahra (f)	زهرة
bouquet (of flowers)	bāqat zuhūr (f)	باقة زهور
rose (flower)	warda (f)	وردة
tulip	tulīb (f)	توليب
carnation	qurumful (m)	قرنفل
gladiolus	dalbūθ (f)	دلبوث
cornflower	turunʃāh (m)	ترنشاه
harebell	ʒarīs (m)	جريس
dandelion	hindibāʾ (f)	هندباء
camomile	babunʒ (m)	بابونج
aloe	aluwwa (m)	ألوّة
cactus	ṣabbār (m)	صبّار
rubber plant, ficus	tīn (m)	تين
lily	sawsan (m)	سوسن
geranium	ibrat ar rāʿi (f)	إبرة الراعي
hyacinth	zanbaq (f)	زنبق
mimosa	mimūza (f)	ميموزا
narcissus	narʒis (f)	نرجس
nasturtium	abu xanʒar (f)	أبو خنجر
orchid	saḥlab (f)	سحلب
peony	fawniya (f)	فاوانيا
violet	banafsaʒ (f)	بنفسج
pansy	banafsaʒ muθallaθ (m)	بنفسج مثلث
forget-me-not	ʾāðān al faʾr (pl)	آذان الفأر
daisy	uqḥuwān (f)	أقحوان
poppy	xaʃxāʃ (f)	خشخاش
hemp	qinnab (m)	قنب
mint	naʿnāʿ (m)	نعناع
lily of the valley	sawsan al wādi (m)	سوسن الوادي
snowdrop	zahrat al laban (f)	زهرة اللبن
nettle	qarrāṣ (m)	قرّاص
sorrel	ḥammāḍ (m)	حمّاض

water lily	nilūfar (m)	نيلوفر
fern	saraxs (m)	سرخس
lichen	uʃna (f)	أشنة
greenhouse (tropical ~)	daffi'a (f)	دفيئة
lawn	'uʃb (m)	عشب
flowerbed	ʒunaynat zuhūr (f)	جنينة زهور
plant	nabāt (m)	نبات
grass	'uʃb (m)	عشب
blade of grass	'uʃba (f)	عشبة
leaf	waraqa (f)	ورقة
petal	waraqat az zahra (f)	ورقة الزهرة
stem	sāq (f)	ساق
tuber	darnat nabāt (f)	درنة نبات
young plant (shoot)	nabta sayīra (f)	نبتة صغيرة
thorn	ʃawka (f)	شوكة
to blossom (vi)	nawwar	نوّر
to fade, to wither	ðabal	ذبل
smell (odor)	rā'iḥa (f)	رائحة
to cut (flowers)	qaṭa'	قطع
to pick (a flower)	qaṭaf	قطف

146. Cereals, grains

grain	ḥubūb (pl)	حبوب
cereal crops	maḥāṣīl al ḥubūb (pl)	محاصيل الحبوب
ear (of barley, etc.)	sumbula (f)	سنبلة
wheat	qamḥ (m)	قمح
rye	ʒāwdār (m)	جاودار
oats	ʃūfān (m)	شوفان
millet	duxn (m)	دخن
barley	ʃa'īr (m)	شعير
corn	ðura (f)	ذرّة
rice	urz (m)	أرز
buckwheat	ḥinṭa sawdā' (f)	حنطة سوداء
pea plant	bisilla (f)	بسلّة
kidney bean	faṣūliya (f)	فاصوليا
soy	fūl aṣ ṣūya (m)	فول الصويا
lentil	'adas (m)	عدس
beans (pulse crops)	fūl (m)	فول

COUNTRIES. NATIONALITIES

147. Western Europe

Europe	urūbba (f)	أوروبّا
European Union	al ittiḥād al urubbiy (m)	الإتّحاد الأوروبّيّ
Austria	an nimsa (f)	النمسا
Great Britain	briṭāniya al 'uẓma (f)	بريطانيا العظمى
England	inʒiltirra (f)	إنجلترًا
Belgium	balʒīka (f)	بلجيكا
Germany	almāniya (f)	ألمانيا
Netherlands	hulanda (f)	هولندا
Holland	hulanda (f)	هولندا
Greece	al yūnān (f)	اليونان
Denmark	ad danimārk (f)	الدانمارك
Ireland	irlanda (f)	أيرلندا
Iceland	'āyslanda (f)	آيسلندا
Spain	isbāniya (f)	إسبانيا
Italy	iṭāliya (f)	إيطاليا
Cyprus	qubruṣ (f)	قبرص
Malta	malṭa (f)	مالطا
Norway	an nirwīʒ (f)	النرويج
Portugal	al burtuɣāl (f)	البرتغال
Finland	finlanda (f)	فنلندا
France	faransa (f)	فرنسا
Sweden	as suwayd (f)	السويد
Switzerland	swīsra (f)	سويسرا
Scotland	iskutlanda (f)	اسكتلندا
Vatican	al vatikān (m)	الفاتيكان
Liechtenstein	liʃtinʃtāyn (m)	ليشتنشتاين
Luxembourg	luksimburɣ (f)	لوكسمبورغ
Monaco	munāku (f)	موناكو

148. Central and Eastern Europe

Albania	albāniya (f)	ألبانيا
Bulgaria	bulɣāriya (f)	بلغاريا
Hungary	al maʒar (f)	المجر

Latvia	lātviya (f)	لاتفيا
Lithuania	litwāniya (f)	ليتوانيا
Poland	bulanda (f)	بولندا
Romania	rumāniya (f)	رومانيا
Serbia	ṣirbiya (f)	صربيا
Slovakia	sluvākiya (f)	سلوفاكيا
Croatia	kruātiya (f)	كرواتيا
Czech Republic	atʃ tʃīk (f)	التشيك
Estonia	istūniya (f)	إستونيا
Bosnia and Herzegovina	al busna wal hirsuk (f)	البوسنة والهرسك
Macedonia (Republic of ~)	maqdūniya (f)	مقدونيا
Slovenia	sluvīniya (f)	سلوفينيا
Montenegro	al ʒabal al aswad (m)	الجبل الأسود

149. Former USSR countries

Azerbaijan	aðarbiʒān (m)	أذربيجان
Armenia	armīniya (f)	أرمينيا
Belarus	bilarūs (f)	بيلاروس
Georgia	ʒūrʒiya (f)	جورجيا
Kazakhstan	kazaχstān (f)	كازاخستان
Kirghizia	qiryizistān (f)	قيرغيزستان
Moldova, Moldavia	muldāviya (f)	مولدافيا
Russia	rūsiya (f)	روسيا
Ukraine	ukrāniya (f)	أوكرانيا
Tajikistan	taʒīkistān (f)	طاجيكستان
Turkmenistan	turkmānistān (f)	تركمانستان
Uzbekistan	uzbikistān (f)	أوزبكستان

150. Asia

Asia	'āsiya (f)	آسيا
Vietnam	vitnām (f)	فيتنام
India	al hind (f)	الهند
Israel	isrā'īl (f)	إسرائيل
China	aṣ ṣīn (f)	الصين
Lebanon	lubnān (f)	لبنان
Mongolia	manɣūliya (f)	منغوليا
Malaysia	malīziya (f)	ماليزيا
Pakistan	bakistān (f)	باكستان

Saudi Arabia	as sa'ūdiyya (f)	السعوديّة
Thailand	taylānd (f)	تايلاند
Taiwan	taywān (f)	تايوان
Turkey	turkiya (f)	تركيا
Japan	al yabān (f)	اليابان
Afghanistan	afɣanistān (f)	أفغانستان
Bangladesh	banʒladīʃ (f)	بنجلاديش
Indonesia	indunīsiya (f)	إندونيسيا
Jordan	al urdun (m)	الأردن
Iraq	al 'irāq (m)	العراق
Iran	'īrān (f)	إيران
Cambodia	kambūdya (f)	كمبوديا
Kuwait	al kuwayt (f)	الكويت
Laos	lawus (f)	لاوس
Myanmar	myanmār (f)	ميانمار
Nepal	nibāl (f)	نيبال
United Arab Emirates	al imārāt al 'arabiyya al muttaḥida (pl)	الإمارات العربيّة المتّحدة
Syria	sūriya (f)	سوريا
Palestine	filisṭīn (f)	فلسطين
South Korea	kuriya al ʒanūbiyya (f)	كوريا الجنوبيّة
North Korea	kūria aʃ ʃimāliyya (f)	كوريا الشماليّة

151. North America

United States of America	al wilāyāt al muttaḥida al amrīkiyya (pl)	الولايات المتّحدة الأمريكيّة
Canada	kanada (f)	كندا
Mexico	al maksīk (f)	المكسيك

152. Central and South America

Argentina	arʒantīn (f)	الأرجنتين
Brazil	al brazīl (f)	البرازيل
Colombia	kulumbiya (f)	كولومبيا
Cuba	kūba (f)	كوبا
Chile	tʃīli (f)	تشيلي
Bolivia	bulīviya (f)	بوليفيا
Venezuela	vinizwiyla (f)	فنزويلا
Paraguay	baraɣwāy (f)	باراغواي
Peru	biru (f)	بيرو
Suriname	surinām (f)	سورينام
Uruguay	uruɣwāy (f)	الأوروغواي

Ecuador	al iqwadūr (f)	الإكوادور
The Bahamas	ʒuzur bahāmas (pl)	جزر باهاماس
Haiti	haīti (f)	هايتي
Dominican Republic	ʒumhūriyyat ad duminikan (f)	جمهوريّة الدومينيكان
Panama	banama (f)	بنما
Jamaica	ʒamāyka (f)	جامايكا

153. Africa

Egypt	miṣr (f)	مصر
Morocco	al mayrib (m)	المغرب
Tunisia	tūnis (f)	تونس
Ghana	γāna (f)	غانا
Zanzibar	zanʒibār (f)	زنجبار
Kenya	kiniya (f)	كينيا
Libya	lībiya (f)	ليبيا
Madagascar	madayaʃqar (f)	مدغشقر
Namibia	namībiya (f)	ناميبيا
Senegal	as siniyāl (f)	السنغال
Tanzania	tanzāniya (f)	تنزانيا
South Africa	ʒumhūriyyat afrīqiya al ʒanūbiyya (f)	جمهوريّة أفريقيا الجنوبيّة

154. Australia. Oceania

Australia	usturāliya (f)	أستراليا
New Zealand	nyu zilanda (f)	نيوزيلندا
Tasmania	tasmāniya (f)	تاسمانيا
French Polynesia	bulinīziya al faransiyya (f)	بولينزيا الفرنسيّة

155. Cities

Amsterdam	amstirdām (f)	أمستردام
Ankara	anqara (f)	أنقرة
Athens	aθīna (f)	أثينا
Baghdad	baydād (f)	بغداد
Bangkok	bankūk (f)	بانكوك
Barcelona	barʃalūna (f)	برشلونة
Beijing	bikīn (f)	بيكين
Beirut	bayrūt (f)	بيروت

Berlin	birlīn (f)	برلين
Bonn	būn (f)	بون
Bordeaux	burdu (f)	بوردو
Bratislava	bratislāva (f)	براتيسلافا
Brussels	brūksil (f)	بروكسل
Bucharest	buxarist (f)	بوخارست
Budapest	budabist (f)	بودابست
Cairo	al qāhira (f)	القاهرة
Chicago	ʃikāyu (f)	شيكاغو
Copenhagen	kubinhāʒin (f)	كوبنهاجن
Dar-es-Salaam	dar as salām (f)	دار السلام
Delhi	dilhi (f)	دلهي
Dubai	dibay (f)	دبي
Dublin	dablin (f)	دبلن
Düsseldorf	dusildurf (f)	دوسلدورف
Florence	flurinsa (f)	فلورنسا
Frankfurt	frankfurt (f)	فرانكفورت
Geneva	ʒinīv (f)	جنيف
Hamburg	hamburɣ (m)	هامبورغ
Hanoi	hanuy (f)	هانوى
Havana	havāna (f)	هافانا
Helsinki	hilsinki (f)	هلسنكي
Hiroshima	hiruʃīma (f)	هيروشيما
Hong Kong	hunɣ kunɣ (f)	هونغ كونغ
Istanbul	isṭanbūl (f)	إسطنبول
Jerusalem	al quds (f)	القدس
Kolkata (Calcutta)	kalkutta (f)	كلكتا
Kuala Lumpur	kuala lumpur (f)	كوالالمبور
Kyiv	kiyiv (f)	كييف
Lisbon	liʃbūna (f)	لشبونة
London	lundun (f)	لندن
Los Angeles	lus anʒilis (f)	لوس أنجلوس
Lyons	liyūn (f)	ليون
Madrid	madrīd (f)	مدريد
Marseille	marsīliya (f)	مرسيليا
Mexico City	madīnat maksiku (f)	مدينة مكسيكو
Miami	mayāmi (f)	ميامي
Montreal	muntriyāl (f)	مونتريال
Moscow	musku (f)	موسكو
Mumbai (Bombay)	bumbāy (f)	بومباى
Munich	myūnix (f)	ميونخ
Nairobi	nayrūbi (f)	نيروبي
Naples	nabuli (f)	نابولي
New York	nyu yūrk (f)	نيويورك

Nice	nīs (f)	نيس
Oslo	uslu (f)	أوسلو
Ottawa	uttawa (f)	أوتاوا
Paris	barīs (f)	باريس
Prague	brāɣ (f)	براغ

Rio de Janeiro	riu di ʒaniyru (f)	ريو دي جانيرو
Rome	rūma (f)	روما
Saint Petersburg	sant bitirsburɣ (f)	سانت بطرسبرغ
Seoul	siūl (f)	سيول
Shanghai	ʃanɣhāy (f)	شانغهاي

Singapore	sinɣafūra (f)	سنغافورة
Stockholm	stukhūlm (f)	ستوكهولم
Sydney	sidniy (f)	سيدني
Taipei	taybay (f)	تايبيه
The Hague	lahāy (f)	لاهاي
Tokyo	ṭukyu (f)	طوكيو

Toronto	turūntu (f)	تورونتو
Venice	al bunduqiyya (f)	البندقيّة
Vienna	vyīna (f)	فيينا
Warsaw	warsaw (f)	وارسو
Washington	wāʃinṭun (f)	واشنطن

www.ingramcontent.com/pod-product-compliance
Lightning Source LLC
Chambersburg PA
CBHW070550050426
42450CB00011B/2800